Las guerras médicas

Una guía fascinante de los conflictos entre el Imperio aqueménide y las ciudades-estado griegas, incluida la batalla de Maratón, Termópilas, Salamis, Platea y más

© **Derechos de autor 2020**

Todos los derechos reservados. Este libro no puede ser reproducido de ninguna forma sin el permiso escrito del autor. Críticos pueden mencionar pasajes breves durante las revisiones.

Descargo: Esta publicación no puede ser reproducida ni transmitida de ninguna manera por ningún medio, mecánico o electrónico, incluyendo fotocopiado o grabación, o por cualquier sistema de almacenamiento o recuperación, o compartido por correo electrónico sin el permiso escrito del editor.

Aunque se han realizado todos los intentos por verificar la información proporcionada en esta publicación, ni el autor ni el editor asumen responsabilidades por errores, omisiones o interpretaciones contrarias con respecto al tema tratado aquí.

Este libro es solo para fines de entretenimiento. Las opiniones expresadas son sólo del autor y no deben tomarse como instrucciones de expertos. El lector es responsable de sus propias acciones.

La adherencia a todas las leyes y normativas aplicables, incluidas las leyes internacionales, federales, estatales y locales que rigen las licencias profesionales, las prácticas comerciales, la publicidad y todos los demás aspectos de la actividad comercial en EE. UU., Canadá, Reino Unido o cualquier otra jurisdicción es responsabilidad exclusiva del comprador o lector

Ni el autor ni el editor asumen responsabilidad alguna en nombre del comprador o lector de estos materiales. Cualquier parecido con cualquier individuo u organización es pura coincidencia.

Tabla de contenido

- INTRODUCCIÓN 1
- CAPÍTULO 1 - EN VÍSPERAS DE LA GUERRA 4
- CAPÍTULO 2 - LA REVUELTA JÓNICA 12
- CAPÍTULO 3 - DARÍO I MARCHA A GRECIA: LA BATALLA DE MARATÓN 19
- CAPÍTULO 4 - LOS AÑOS DE ENTREGUERRAS: GRECIA Y PERSIA SE PREPARAN PARA ENCONTRARSE DE NUEVO. 25
- CAPÍTULO 5 - LA INVASIÓN DE JERJES PARTE 1: LAS BATALLAS DE LAS TERMÓPILAS Y EL ARTEMISIO... 32
- CAPÍTULO 6 - LA INVASIÓN DE JERJES PARTE 2: LAS BATALLAS DE SALAMINA Y PLATEA... 45
- CAPÍTULO 7 - LAS GUERRAS DE LA LIGA DE DELOS 60
- CAPÍTULO 8 - LAS SECUELAS DE LA GUERRA 74
- CAPÍTULO 9– EL EJÉRCITO GRIEGO.. 80
- CAPÍTULO 10 - EL EJÉRCITO PERSA... 88
- CONCLUSIÓN 97
- BIBLIOGRAFÍA.. 101

Introducción

A comienzos del siglo V a. C., el mundo antiguo estaba al borde de la guerra. Los persas tenían el imperio más poderoso de Asia occidental y el segundo imperio más grande del mundo, y habían puesto sus ojos sobre Grecia. Los griegos se estaban convirtiendo rápidamente en los líderes culturales del mundo antiguo, y no tenían el interés de irse en silencio.

Esta prominencia cultural mostró su inmenso potencial durante estas guerras, ya que las guerras médicas fueron documentadas por Heródoto, quien a menudo se dice que es el padre de la historia moderna. Sus eventos cuidadosamente detallados inspiraron a personas como Tucídides a escribir su propia historia de la guerra del Peloponeso. Estos escritores, aunque limitados en términos de las fuentes que tenían disponibles, pudieron documentar cuidadosamente todos los eventos tanto durante como después de la guerra, y sus versiones de la historia han sido verificadas una y otra vez por varios historiadores, ayudando a consagrar estos trabajos como algunos de los más importantes en la historia humana.

Debido al trabajo de Heródoto, sabemos que el conflicto que eventualmente se convirtió en las guerras médicas comenzó a lo largo de la costa de la nación moderna de Turquía en una región conocida como Jonia. En esta región, doce ciudades-estado griegas, que habían sido libres e independientes desde su fundación, habían sido subyugadas recientemente por el Reino de Lidia, que poco después fue conquistado por Persia. Entonces, cuando el rey tirano Aristágoras llamó al pueblo de Jonia a rebelarse contra los persas en 499 a. C., los griegos jonios respondieron. Atenas y Eritrea se incorporaron para apoyar a sus paisanos asediados, y así empezaron las guerras médicas

Durante los siguientes veinte años, los persas invadieron Grecia dos veces, pero fueron derrotados en ambas ocasiones, perdiendo algunas de las batallas más famosas de la historia. Luego, los griegos, bajo el liderazgo de los atenienses, libraron una guerra contra los persas durante los siguientes treinta años, causando estragos en todos los rincones del imperio persa. Como resultado, cuando finalmente llegaron a un acuerdo de paz a mediados del siglo V a. C. en la que aún se desconoce la fecha exacta, los griegos habían logrado protegerse contra la amenaza de posibles invasiones de los persas.

En este sentido, las guerras médicas fueron como cualquier otra guerra en la historia humana. Un lado era ofensivo, mientras que el otro era defensivo. Pero más allá de eso, las guerras médicas fueron cualquier cosa menos normales. Primero, los ejércitos que los persas reunieron para invadir Grecia, especialmente durante su segunda campaña bajo Jerjes, fueron algunos de los más grandes jamás reunidos en el mundo antiguo, y su marcha hacia Grecia fue la mayor amenaza militar para la existencia griega que se haya materializado.

Sin embargo, la otra razón por la que esta guerra no fue una guerra "normal" es por el impacto que tuvo en la cultura mundial. No es difícil ver la influencia de los griegos en el mundo en que vivimos hoy. Ellos fueron quienes nos dieron la democracia, la forma preferida de gobierno en todo el mundo, y las obras de sus filósofos, como Platón, Sócrates y Aristóteles se enseñan en las escuelas de todo el mundo.

Sin embargo, muchos de estos grandes logros culturales llegaron después de las guerras médicas, lo que significa que, si el resultado de este gran conflicto hubiera sido diferente, el mundo que hoy conocemos podría ser un lugar muy diferente. Es por esta razón que las batallas de Maratón, Termópilas, Platea y Mícala se consideran algunos de los conflictos más importantes en la historia del mundo. Fue durante estas batallas que los griegos se enfrentaron a un ejército mucho más grande e impidieron que los persas entraran a Europa y lo convirtieran en parte de su imperio.

Además, el ejército persa estaba conformado por una cantidad considerable de personas que en realidad no eran persas, mientras que el ejército griego estaba conformado por soldados casi todos griegos. En este sentido, las guerras médicas a menudo son vistas como un conflicto entre un rey codicioso y vengativo que busca a toda costa expandir su imperio y su poder y un pueblo orgulloso, culturalmente rico y democrático que intenta defender su patria y su libertad.

En otras palabras, las guerras médicas a menudo se muestran como una batalla entre el bien y el mal. Esto es simultáneamente una exageración y una simplificación excesiva, pero no hay duda de que esta guerra, o serie de guerras, peleadas entre algunas de las civilizaciones más poderosas de la era antigua, ayudó a trazar el curso de la historia humana que hemos conocido hasta el día de hoy.

Capítulo 1 - En vísperas de la guerra

Las guerras médicas comenzaron oficialmente en el año 499 a. C. con el estallido de la revuelta jónica, que fueron una serie de insurrecciones dirigidas por Aristágoras, un tirano griego de Jonia, en la región cerca del área del oeste de Turquía donde muchos griegos hicieron su casa.

Sin embargo, estas revueltas, que lanzaron un conflicto que duraría casi 50 años, no fueron la causa principal de las guerras. Los eventos que tuvieron lugar durante los tres siglos anteriores jugaron un papel importante en la creación de las condiciones necesarias para la guerra, siendo el surgimiento del poder persa y la propagación del panhelenismo lo más destacado, un concepto que trataremos con mayor detalle más adelante.

Como resultado, para poder comprender las guerras médicas, es decir, por qué fue la confrontación y por qué fue de esa forma, es importante comprender la historia de los principales combatientes del conflicto en los años anteriores al estallido de la guerra. Las dos historias son bastante diferentes, pero ambas se dirigían al mismo fin: una guerra total y una antigua batalla que pasaría a la historia para siempre.

Los persas antes de la guerra

La mayoría de las personas que han pasado tiempo estudiando historia antigua han llegado a creer que los persas fueron los agresores en esta guerra. Ellos fueron los que llevaron la guerra a los griegos, y los griegos lucharon solo porque su supervivencia dependía de ello. Esto no quiere decir que los griegos no estaban acostumbrados a la guerra (el conflicto entre las ciudades-estado griegas era frecuente y típicamente producía resultados indecisos), pero estaban mucho menos interesados en él y mucho menos capaces de impulsar el mismo tipo de agenda expansionista que se había convertido en parte de la política exterior de Persia en ese momento.

La historia persa tiene sus raíces en el período neolítico. La evidencia sugiere que las personas vivían en la meseta iraní, el nombre geográfico de la nación moderna de Irán, desde alrededor del quinto o sexto milenio antes de Cristo, pero Persia tal como la conocemos no se convirtió en una entidad política hasta el sexto o séptimo milenio.

Por lo general, el punto de partida para la historia persa es la fundación de Pasargada en el siglo VII. Esta ciudad sería la primera capital del imperio persa, y demostraría ser un importante centro político y económico a lo largo de la era antigua.

Sin embargo, para encontrar el punto de partida de la historia del Imperio persa, se debe avanzar rápidamente al 559 a. C. Fue en este año que Ciro II, quien más tarde se convertiría en Ciro el Grande, fue puesto en el trono en Pasargada. A partir de ahí, logró unir las diversas tribus persas que se habían establecido en toda la meseta iraní, dando lugar a la primera noción de una nación persa.

Una vez hecho esto, Ciro el Grande se movió para liberar a su pueblo de los medos, el reino justo al norte de Persia que se había convertido en el hegemón regional después de la caída de Asiria a finales del siglo VII a. C. Esta guerra comenzó en 555 a. C., y en 550 a. C., Ciro el Grande había logrado deponer al rey mediano y procedió a llamarse a sí mismo el gobernante de sus tierras, que incluiría partes de Asia occidental, como las naciones modernas de Afganistán, Turkmenistán y Azerbaiyán.

Una vez que Ciro el Grande logró derrotar a los medianos, su siguiente orden fue subyugar a Lidia, que era un reino en la parte oriental de la Turquía moderna, a la que los griegos llamaron Jonia. Su plan inicial era atraer a los griegos que vivían en Lidia y alentar una rebelión, pero esto no funcionó, y Ciro el Grande marchó a Lidia con sus ejércitos y la conquistó para el año 547 a. C.

Sin embargo, al hacer esto, Ciro el Grande puso a Grecia y Persia en camino a la guerra. Los griegos se habían establecido en todo el Reino de Lidia, y los reyes de Lidia les habían otorgado una considerable autonomía, muy probablemente porque los griegos eran notoriamente reacios al gobierno exterior. Pero Ciro el Grande no siguió esta estrategia. En cambio, nombró a crueles tiranos para gobernar la mayoría de las ciudades-estado griegas más grandes en Jonia, y esto creó un fuerte sentimiento anti-persa en todo el Asia Menor griego, algo que sería un factor importante en las relaciones greco-persas durante casi dos siglos.

En este punto, Ciro el Grande había asegurado suficiente territorio y experiencia militar para intentar la conquista de Babilonia, el único poder independiente que quedaba en Mesopotamia. Este movimiento fue necesario tanto para la protección (la idea de una poderosa Babilonia habría causado un gran temor en los corazones de los líderes persas) como para fines tácticos. Egipto habría sido el mayor premio en esos días, y cualquier invasión de Egipto debía pasar por Babilonia, así como por Fenicia y Siria, territorios que fueron leales al rey de Babilonia.

Ciro el Grande pasó siete años entre su campaña en Lidia y su invasión de Babilonia, lo que le permitió hacer los preparativos necesarios para el éxito. Solo un año después de lanzar su ataque, él y sus fuerzas cabalgaron hacia Babilonia como vencedores, trayendo el gran poder antiguo bajo su control.

Es probable que Ciro el Grande hubiera querido continuar haciendo campaña, especialmente desde que su conquista de Babilonia dejó a Egipto abierto a ataques. Sin embargo, murió en 529 a. C., dejando a su hijo para hacerse cargo de la expansión del Imperio persa, que bajo Ciro el Grande había pasado de ser una fuerza inexistente a la más grande en todo el oeste de Asia.

El hijo de Ciro el Grande, Cambises, asumió el cargo de rey en 529 a. C. y continuó consolidando y expandiendo el imperio, principalmente en todo el norte de África. Él se las arregló para subyugar a los egipcios, y también libró una guerra y recibió un tributo de Libia y varias tribus etíopes. Esta modesta expansión significó que Persia era ahora uno de los imperios más grandes en todo el mundo antiguo. Sin embargo, Cambises, a pesar de ser un rey tan influyente, no duró mucho como el soberano persa. Su corto reinado terminó en 522 a. C. con su muerte, y después de una breve crisis de sucesión (Cambises no tenía un hijo o hermano), un pariente lejano suyo, Darío I, subió al trono en 522 a. C.

Esto es significativo por un par de razones. Primero, Darío I introdujo los sátrapas persas, que eran esencialmente gobernadores provinciales, y esto le facilitó mucho la gestión de su imperio. Segundo, Darío I introdujo una serie de reformas económicas que ayudaron a estabilizar Egipto y asegurar el control de Persia sobre la región. Además, Darío I fue el rey que primero se enfrentó a los griegos, convirtiéndolo en uno de los antagonistas clave en el conflicto que se conoce como las guerras médicas.

La conquista fue el objetivo principal de casi todos los reyes persas, razón por la cual Darío habría estado interesado en invadir Grecia después de pasar un tiempo consolidando su poder a través del imperio. Sin embargo, invadir Grecia no era tarea fácil. Su plan original era formar equipo con Aristagoras, el rey tirano que mencionamos anteriormente, para invadir la isla griega de Naxos, pero esto fracasó.

Aristágoras, temiendo represalias por parte de los griegos continentales, específicamente de los atenienses, así como de Darío I por haber fallado, decidió ponerse al margen y lanzar su propia ofensiva. Envió la noticia a todas las ciudades-estado griegas de Asia Menor de que había llegado el momento de rebelarse contra los persas. Los griegos respondieron, y el poder persa en Jonia y el resto de Asia Menor había sido oficialmente alertado. Darío se vería obligado a responder, y así comenzaron las guerras médicas.

En resumen, los doscientos años de historia persa antes de la revuelta jónica estuvieron definidos por una cosa: la expansión imperial. Pasaron de una civilización desconocida y dispar que deambulaba por la meseta iraní a una de las entidades más poderosas de todo el mundo antiguo. Sin embargo, su búsqueda de expansión se detuvo cuando se encontraron con los griegos, y los siguientes cincuenta años, que se conocerían como las guerras médicas, fueron definidos por la sed de los persas de expandirse y la resolución de los griegos de detenerlos.

Los griegos antes de la guerra

La historia del camino de Grecia hacia a las guerras médicas es muy diferente. Por un lado, la historia griega tenía raíces mucho más profundas. Los griegos habían estado ocupando el territorio que ahora conocemos como Grecia durante miles de años, y durante todo el segundo milenio antes de Cristo, los micénicos, la primera civilización griega, desarrollaron una rica cultura que los griegos del último milenio trabajarían para expandir.

Sin embargo, el colapso de la Edad de Bronce que tuvo lugar entre c. 1200 y 900 a. C. borraron a los micénicos de la faz de la tierra y obligaron a los griegos a reconstruir todo. Fue después de este período que se fundaron sus grandes ciudades, principalmente Atenas, Esparta, Corinto, Argos, Fócida, Tebas y Delfos, y a lo largo de los siglos VII y VIII, crecieron tanto en poder como en influencia.

Quizás lo más significativo que surgió de este período de la historia griega temprana fue la creación de un sistema de escritura que pudiera ser utilizado por todos los griegos. Es por esto que muchas de las ciudades-estado griegas pudieron aliarse entre sí, y también preparó el escenario para que Homero escribiera sus grandes epopeyas. Sin embargo, quizás lo más importante, todo esto ayudó a crear las condiciones para el panhelenismo.

En el idioma griego, Grecia se conoce como Hellas, y el helenismo se refiere a cosas relacionadas con Grecia y la cultura griega. Antes de la creación del idioma griego, muchos de los diferentes subgrupos de griegos se veían completamente distintos de los demás. Sin embargo, el lenguaje ayudó a unirlos, y esto fue importante porque si los griegos no hubieran encontrado una manera de unificarse, es probable que las guerras médicas hubieran terminado de manera muy diferente de lo que lo hicieron.

Otra cosa importante que ocurrió en los siglos anteriores al estallido de la guerra fue la expansión de Atenas. Ubicada en la región de Ática, Atenas se vio obligada a buscar tierra en otro lugar en gran medida debido a la relativa infertilidad de la tierra que rodeaba la ciudad. El suelo pobre más el terreno montañoso accidentado les dificultaba crecer y producir lo que necesitaban. Como resultado, zarparon en el Mar Egeo y comenzaron a fundar colonias y otros asentamientos que serían capaces de mantenerse a sí mismos y al mismo tiempo enviar cosas a la capital. Muchos de estos asentamientos se establecieron en la costa sur de Turquía, que es la región que eventualmente se conocería como Jonia.

Muchos de los territorios que Atenas estableció se convirtieron en ciudades-estado independientes, aunque todos tenían vínculos estrechos con Atenas, así como con Esparta y algunas de las otras ciudades-estado griegas. Debido a esto, los griegos siempre sintieron la responsabilidad de ayudar a sus compañeros griegos en Jonia a mantenerse independientes de los persas, lo cual es otro ejemplo más de panhelenismo en crecimiento.

Pero esta dependencia del Egeo también significaba que Atenas debía desarrollar una armada fuerte. Para poder defenderse a sí mismos y a sus aliados de las invasiones extranjeras, Atenas necesitaba una flota poderosa, y esta se convirtió en una de las características definitorias de la ciudad en la era antigua.

El último gran avance que surgió de esta era fue el crecimiento de Esparta. Esta ciudad era muy diferente de Atenas en que estaba gobernada por una oligarquía en lugar de una democracia y era una sociedad altamente clasista dependiente del trabajo esclavo y la guerra. Sin embargo, Esparta, durante los siglos VI y VII a. C., logró convertirse en un aliado bastante poderoso del mundo griego. Lo hicieron al subyugar la mayor parte del territorio en el Peloponeso, la península más meridional del continente griego que está conectada solo por el istmo de Corinto. El Peloponeso es, por mucho, la parte más fértil de toda Grecia, y al convertirse en el poder supremo de la región, los espartanos pudieron usar estos recursos para aumentar aún más su riqueza y poder.

Sin embargo, como suele ser el caso en la antigua Grecia, los espartanos no actuaron solos. Trabajaron en conjunto con un grupo de aliados conocidos como la liga del Peloponeso, que incluía a Argos, Tebas y Corinto. En ese momento, esta liga era única en el mundo griego, pero este pronto no sería el caso. Los griegos se unieron contra los persas en la liga Helénica, y esto finalmente se dividió en varias facciones, específicamente la Liga del Peloponeso, la Liga de Delos dirigida por los atenienses y, mucho más tarde, la Liga Beocia dirigida por los tebanos.

Como resultado, la cooperación es quizás el tema más importante que surgió de la historia griega antes de la guerra. A pesar de los frecuentes conflictos, los griegos estaban aprendiendo a llevarse bien y comenzaban a comprender una identidad griega común, lo que no solo habría facilitado que los griegos se unieran en defensa de su patria, sino que les habría dado una razón poderosa para querer entrar en una alianza con otros griegos, algo que no había existido hasta este momento de la historia.

Conclusión

Al estallar la guerra, Grecia y Persia eran dos entidades muy diferentes, pero sus destinos habían estado unidos por algún tiempo. Los persas tenían el imperio más grande en el oeste de Asia y, junto a China, en todo el mundo. Sus ejércitos habían demostrado ser casi invencibles, y su sed de expansión había sido entendida como insaciable. Las únicas personas en su entorno inmediato que aún tenían que conquistar por completo eran los griegos, y esto puso a Grecia directamente en la mira de los reyes persas que gobernaban en ese momento.

Por otro lado, los griegos estaban desordenados y desorganizados. Las alianzas entre ciudades-estado eran tenues, la guerra era frecuente y había muchas ciudades diferentes, todas compitiendo entre sí por el poder y la influencia. Sin embargo, casi todos podrían estar de acuerdo en que esta situación era preferible a la subyugación a los persas. Esto creó una causa común en torno a la cual los griegos podían unirse, uniendo a las muchas ciudades-estado en defensa de su patria. Quizás pocas personas que vivieron en ese momento se dieron cuenta de que pasar del siglo VI al siglo V significaría casi 50 años de guerra, pero para los historiadores, está claro que los destinos de estas dos civilizaciones estaban inexorablemente entrelazados y dirigiéndose hacia una inevitable la guerra.

Capítulo 2 - La revuelta jónica

Como se mencionó, la invasión persa de Lidia y la subsiguiente subyugación de las ciudades griegas en el territorio ejerció una presión considerable sobre las relaciones greco-persas. Sin embargo, a pesar de esto, se puede argumentar fácilmente que los persas seguían siendo los agresores. La revuelta jónica, que se considera el capítulo inicial y también la causa principal de las guerras médicas, ocurrió solo después de que los persas intentaran una invasión del territorio griego. Sin embargo, esta parte del conflicto entre Grecia y Persia es importante porque jugó un papel significativo en el curso de la guerra que estaba por venir.

Entendiendo a Jonia

Antes de continuar con la historia, es importante entender un poco más sobre la región de la que estamos discutiendo. Jonia es el nombre dado a la región a lo largo de la costa turca donde se fundaron doce grandes ciudades griegas. Estas doce ciudades eran Mileto, Miunte, Priene, Éfeso, Colofón, Lébedos, Teos, Clazómenas, Focea y Eritras, así como las islas de Samos y Quíos.

La razón exacta por la que los griegos decidieron establecerse aquí es desconocida, pero la mayoría cree que fue una combinación de sobrepoblación y la falta de tierras de cultivo fértiles en la mayor parte de Grecia continental lo que llevó a las personas a encontrar nuevos hogares al final del primer milenio antes de Cristo.

El nombre de Jonia se refiere al principal grupo étnico que se estableció en la región, los jonios, aunque esta no es la única subdivisión de griegos que vivía en la región. También estaban los dorios, el principal grupo étnico en el Peloponeso, así como los eólicos, cuya herencia provenía de algún lugar del continente griego.

Esto es significativo por dos razones: 1) los griegos que viven en Asia Menor sintieron una cierta herencia compartida que los ayudó a unirse; y 2) los jonios se sentían conectados con los griegos continentales, y con frecuencia les pedían su apoyo contra las amenazas de imperios ambiciosos en la región, principalmente los lidios y luego los persas.

Sin embargo, en general, a pesar de reconocer su historia compartida, las ciudades-estado griegas en Jonia existían independientemente unas de otras, pero reconocían que había algún tipo de conexión. Por ejemplo, formaron una "liga cultural", que era principalmente una alianza, y establecieron un templo común y un lugar de reunión, conocido como el Phanion.

Es esta herencia cultural tan diferente lo que hizo que los griegos jónicos fueran tan difíciles de gobernar. No habrían sentido lealtad por nadie que no fuera griego. Esto se hizo particularmente evidente cuando los lidios invadieron Jonia en 560 a. C. Los griegos fueron rebeldes desde el principio, y Ciro el Grande se percató de esto. Entonces, cuando ingresó a Lidia en 547 a. C., les pidió a los griegos que se rebelaran contra los lidios, esperando que esto le facilitara su conquista.

Sin embargo, los jonios se negaron a rebelarse, sabiendo muy bien que una victoria persa sobre los lidios hubiera significado aceptar el dominio persa en lugar de los lidios, una situación que no hubiera atraído a los jonios. Pero los persas derrotaron a los lidios sin la ayuda de los jonios, y luego rechazaron las súplicas de los griegos de mantener el nivel de autonomía del que habían disfrutado bajo el gobierno de Lidia, principalmente el derecho a gobernar sus propias ciudades de forma independiente. En cambio, instalaron miembros importantes de la aristocracia de cada ciudad que habían mostrado lealtad a los persas para gobernar como tiranos.

La instalación de estos tiranos fue un duro golpe para la independencia griega y obstaculizó en gran medida el desarrollo económico y social de las ciudades-estado jónicas. Los ciudadanos griegos eran reclutados con frecuencia por el ejército persa, y las familias y otros aristócratas que habían sido poderosos antes de la invasión persa ya no lo eran, sin embargo, muchos intentaron tomar el poder nuevamente solo para ser rechazados por las fuerzas pro-persas.

La invasión de Naxos

El siguiente desarrollo importante en las guerras médicas fue la aparición de Aristágoras como el líder tirano de Mileto. Su tío, Histieo, había prestado apoyo militar al rey persa Darío I durante una de sus campañas y, a cambio, le habían dado una franja de territorio en la costa tracia, la parte más al norte de la costa del mar Egeo. Esto fue otorgado, pero, temiendo su ambición, Darío removió a Histieo del poder y le otorgó un puesto en la corte real, una medida que habría sido una "promoción", pero que habría limitado severamente el poder de Histieo en Mileto.

En Mileto, el descontento crecía gradualmente, así que cuando un grupo de exiliados de la ciudad isleña de Naxos le pidió a Aristágoras que los ayudara a invadir la ciudad y recuperar el poder, él accedió a ofrecer su apoyo, pero solo después de obtener el consentimiento de Darío I y repartir parte del botín de la conquista del imperio.

Debido a esto, la máquina de guerra fue activada en Naxos, la que produjo una gran flota de varios cientos de barcos para el año 499 a. C. Aristágoras navegó con estas naves, junto con el ejército Darío que había provisto para Naxos. Sin embargo, esta campaña resultó ser un desastre terrible. Aristágoras y el principal comandante persa,

Megabates, tuvieron un altercado, y la leyenda dice que se enojó tanto que envió a un mensajero a Naxos para advertirles del ataque. No importa si esto es totalmente cierto o no, los naxianos estaban listos para el ataque, y vencieron a Aristágoras incluso después de que se estableciera en la isla durante cuatro meses.

La derrota significó que Aristágoras no tenía nada que darle a Darío I, que solo había suministrado tropas y recursos debido al botín que Aristágoras le había prometido. Probablemente sabía que esto habría llevado a su destitución, por lo que decidió atacar alentando a los ciudadanos de su propia ciudad a rebelarse contra los persas. Este movimiento marcó el punto de partida de la Revuelta Jónica, que sería el primer capítulo significativo de las guerras médicas.

De Mileto al resto de Jonia

En su búsqueda para incitar a una rebelión a gran escala en toda la Asia Menor griega, y también para salvarse a sí mismo, Aristágoras comenzó en su ciudad natal, Mileto. Estuvo de acuerdo en renunciar a su posición como líder de la ciudad y convertirla en una democracia, aunque muchos historiadores coinciden en que este movimiento fue simplemente un gesto simbólico diseñado para ganar el apoyo popular a su rebelión.

Aristágoras luego pasó a la ofensiva. Usó la flota que había reunido para atacar a Naxos para atacar primero a las fuerzas persas con las que había estado cooperando y luego pasó a buscar y capturar a todos los tiranos restantes en el poder en toda Jonia. Este movimiento fue probablemente diseñado para mostrar a otras ciudades-estado griegas que podían confiar en Aristágoras y que él era un defensor de la democracia que florecía en Atenas y se convirtió rápidamente en la forma preferida de gobierno en Grecia.

Con prácticamente toda Jonia en abierta rebelión contra los persas, Aristágoras procedió a moverse para asegurar las alianzas de otras ciudades-estado griegas más poderosas, principalmente Atenas y Esparta. Su primera opción para un aliado era Esparta, y esta se negó a ofrecer ayuda, pero Atenas, que probablemente sintió una conexión más fuerte con Jonia debido a su herencia compartida y también debido a la admiración jónica de la democracia ateniense, ofreció apoyo a la causa jónica.

Entonces, cuando Aristágoras regresó de su viaje a Grecia continental, lo hizo con tropas y barcos atenienses y eritreos. Su primer objetivo fue Sardes, la capital persa en la región. Sin embargo, los griegos sufrieron una derrota en Sardes a pesar de haber logrado rodear la ciudad y hacerse cargo de gran parte de sus territorios exteriores.

Luego, los griegos se retiraron hacia la ciudad de Éfeso, pero el ejército persa, que había sido convocado y enviado a Sardes para defender la ciudad y sofocar la rebelión, los atrapó, lo que obligó a los griegos a luchar. Esta batalla, conocida como la Batalla de Éfeso, fue un completo fracaso para los griegos. Los griegos que lograron escapar huyeron a Atenas y Eritrea, y los jonios se fueron a sus propios hogares.

Los persas contraatacan

Después de ser derrotados tanto en Sardes como en Éfeso, los atenienses y eritreos retiraron su apoyo a los jonios. Los persas habían demostrado ser un enemigo mucho más formidable de lo que esperaban, y tenían claro que la causa jónica era inútil. Esto puso a los jonios en una posición difícil, pero mantuvieron su estado de rebelión.

A partir de 497 a. C., los persas marcharon y navegaron por Asia Menor y el Egeo para sofocar las rebeliones que habían estallado en la región. Ganaron batalla tras batalla, demostrando que los griegos no eran un rival real para el imperio persa. Para el año 495 a. C., los persas habían logrado controlar nuevamente casi todas las ciudades jónicas al derrotar a los rebeldes y reinstalar a uno de sus tiranos.

Sin embargo, la revuelta jónica no había terminado. Tanto Lade como Mileto todavía estaban en revuelta, y con Aristágoras, el antiguo tirano de Mileto, todavía vivo y en el poder, los persas tenían trabajo que hacer. Marcharon hacia Lade, donde Aristágoras había estado intentando obtener mayor apoyo para su rebelión. Sin embargo, esta estrategia resultó ser inútil, ya que la gente de Lade terminó aceptando los términos persas. Algunos soldados griegos no sabían esto, por lo que de igual manera se produjo una batalla que los persas ganaron decisivamente.

El último evento significativo de la revuelta jónica fue la caída de Mileto, que tuvo lugar en 493 a. C. Como había servido como el centro efectivo de la rebelión, los persas fueron particularmente crueles con la gente de Mileto. La mayoría fueron asesinados o quemados, y el resto fue enviado de regreso a la capital persa, Susa, donde luego fueron reubicados en una parte distante del imperio donde no podrían causar más problemas.

El tío de Aristágoras, Histieo, que había logrado convencer a Darío I de que lo dejara regresar a Mileto para poner fin a la rebelión, logró reunir una pequeña fuerza y llevar a cabo una campaña final contra los persas, pero fue derrotado poco después de comenzar, lo que significaba que la revuelta jónica había terminado oficialmente.

Conclusión

El período de seis años conocido como la Revuelta Jónica es una pieza crucial de la historia de las guerras médicas. Las relaciones entre las dos civilizaciones siempre habían sido tensas, pero esta rebelión generalizada y el apoyo inicial que le dieron Atenas y Eritrea disgustaron mucho a Darío I de Persia. Se sintió traicionado, y sintió que las ciudades-estado griegas debían ser castigadas para apartarlos de la idea de intentar rebelarse contra el dominio persa nuevamente.

Otra cosa importante que surge de este capítulo de la guerra fue el dominio del ejército persa. Aristágoras había logrado obtener el apoyo para su rebelión al convencer a los líderes griegos de que los persas eran débiles y, por lo tanto, un blanco fácil. Sin embargo, la verdad es que fue todo lo contrario. El ejército persa era fuerte y numeroso, y esto infundiría miedo en los corazones de los griegos que sabían que Darío pronto marcharía a Grecia con el objetivo de conquistar a todos los griegos libres.

Capítulo 3 - Darío I marcha a Grecia: La batalla de Maratón

A estas alturas, las motivaciones de Darío I para marchar sobre Grecia debían estar claras. No solo quería venganza por el daño causado por la revuelta jónica, sino que los griegos también eran la única civilización en esa parte del mundo que aún no había sido sometida al trono persa. La expansión del imperio siempre fue un foco de los antiguos monarcas, y los persas no fueron diferentes. Como resultado, esta insurrección en Jonia habría proporcionado el motivo perfecto para marchar a Grecia con la intención de la conquista.

Darío I marcha a Grecia

En 492 a. C., Darío I nombró a su yerno, Mardonio, para dirigir la invasión de Grecia. Fue enviado a Tracia, la región al oeste de la actual Estambul, y fue capaz de asegurar victorias significativas tanto en Tracia como en Macedonia, subyugando estas dos regiones griegas y sometiéndolas al dominio persa.

Para este punto, Darío I habría enviado embajadores a todas las principales ciudades-estado griegas ofreciéndoles paz a cambio de lealtad. Todos, excepto en Atenas y Esparta, donde ejecutaron a los embajadores persas, aceptaron estos términos, lo que significó que ahora toda Grecia, a excepción de los territorios en poder de esas dos ciudades-estado, era parte del imperio persa. Esto también significaba que Atenas y Esparta estaban ahora abiertamente en guerra con el imperio persa, lo que inspiró a Darío a organizar y lanzar una segunda campaña en lo profundo del territorio griego.

Estas victorias iniciales en Tracia y Macedonia habrían facilitado significativamente el avance del ejército persa. Ayudaron a asegurar gran parte del Egeo, lo que significó que los persas podían disfrutar del paso libre a la parte continental griega. La flota persa, compuesta en su mayoría por fenicios, era libre de navegar alrededor del mar Egeo sin temor a ser atacada por los griegos. Esto abrió la puerta al resto de Grecia, creando una oportunidad para que los persas atacaran a los griegos continentales ya debilitados y posiblemente los pusieran bajo el control persa de una vez por todas.

Los persas tardaron casi dos años en acumular la fuerza necesaria para invadir y conquistar con éxito las restantes ciudades-estado griegas libres, lo que significó que la segunda campaña del Imperio persa no comenzó hasta el 490 a. C., además, Mardonio, que había sufrido heridas durante la campaña del año anterior, fuera reemplazado por Artafernes, el sobrino de Darío I.

No se sabe exactamente cuántos sujetos persas fueron reclutados en el ejército para el ataque, aunque las estimaciones históricas más confiables sugieren que el tamaño total de la fuerza de la invasión era de alrededor de 25.000 hombres, que habrían sido aproximadamente la mitad del tamaño de un cuerpo típico en el ejército persa. El hecho de que estuvieran dispuestos a tomar una fuerza tan "pequeña" en una expedición tan ambiciosa como la conquista de Grecia sugiere que los persas no esperaban mucha resistencia tanto en su viaje al continente griego como cuando llegaron allí.

El primer objetivo de la campaña fue Naxos, que seguía siendo independiente después de resistir los intentos de invasión de Aristágoras cuando todavía estaba en favor de los persas. Sin embargo, esta vez los naxianos no fueron rival para sus enemigos, y la mayoría de ellos huyeron de la ciudad antes de que llegaran los persas. Los que no escaparon fueron asesinados o reubicados, y la ciudad fue destruida mientras los persas se dirigían hacia Grecia continental.

Desde allí, Artafernes y su flota navegaron hacia el sur hacia Eubea, que se negó a rendirse y entregar tropas a los persas. Sin embargo, este movimiento resultó ser un error, ya que los persas sitiaron la ciudad y la destruyeron, eliminándolos como un obstáculo en su camino hacia otras ciudades-estado griegas más importantes.

Los persas llegan a Eritrea

Hasta este punto, los persas habían enfrentado poca o ninguna resistencia en su marcha hacia Atenas. Las ciudades-estado griegas que aún no habían prometido lealtad a los persas habían demostrado no ser rival para un ejército persa mucho más grande y poderoso, y esto habría dejado a Eritrea y Atenas en una posición bastante difícil. Los persas también querían atacar a Esparta, pero estaba mucho más al sur que Atenas y, por lo tanto, no estaba en la lista de prioridades persas en ese momento.

Los eritreos vieron venir a los persas y sabían que sus días estaban contados. Sabiendo muy bien que involucrar a los persas en un campo de batalla abierto habría sido inútil, la gente de Eritrea eligió en cambio atrincherarse detrás de las murallas de su ciudad y esperar el asedio. Llamaron a los atenienses para que los ayudaran, lo cual aceptaron. Sin embargo, el apoyo ateniense nunca llegó, y los eritreos fueron invadidos. Los persas, que se habían propuesto en parte vengarse de los eritreos por su insubordinación durante la revuelta jónica, optaron por quemar la ciudad, dejando a Atenas como el único objetivo.

Muchos historiadores consideran que los atenienses acordaron enviar apoyo, pero al final no lo hicieron, como un punto de inflexión en la historia griega. Muchos creen que, aunque los atenienses se hubieran sentido obligados a responder a las súplicas de ayuda de Eritrea, también se habrían beneficiado enormemente de una derrota de Eritrea, ya que los habría eliminado como competidores.

Esto sirve como un recordatorio conmovedor de uno de los temas comunes en la historia griega antes del estallido de la guerra: la competencia entre las ciudades-estado era feroz. Debido a esto, era completamente plausible que los atenienses hubieran elegido sacrificar a sus aliados para avanzar en su propia posición. Sin embargo, esta estrategia podría haber fracasado si los atenienses no hubieran podido vencer a los persas y así detener su avance, algo que no habría sido seguro para nadie que viviera en ese momento.

La batalla de Maratón

Con el Egeo completamente subyugado, Tracia y Macedonia aseguradas, y Eritrea y Eubea quemadas, todo lo que les quedaba a los persas era saquear a Atenas. Esto habría parecido una propuesta fácil en ese momento, ya que tanto la flota persa como la infantería superaban en número a los griegos. Además, los soldados griegos hasta ese momento habían sido casi completamente ineficaces contra los persas.

Los atenienses ya habían movilizado a su ejército y estaban preparados para salir y encontrarse con los persas en la batalla. Sin embargo, antes de comenzar a moverse, los líderes atenienses enviaron un mensajero a Esparta para alertarlos de la inminente invasión y también para pedirles su apoyo. Pero se negaron. Los espartanos afirmaron que la luna llena que estaba en el aire les prohibió ir a la guerra, y esto significaba que los atenienses se quedarían solos para defenderse de los persas invasores.

A diferencia de los eritreos, los atenienses no estaban interesados en sentarse y esperar a que los persas tomaran su ciudad. En cambio, decidieron enfrentarse a su enemigo en la bahía de Maratón.

En total, los atenienses tenían un ejército que consistía en unos 10.000-12.000 soldados, y su plan era bloquear las salidas de las llanuras que rodeaban la bahía de Maratón. Este movimiento forzó la batalla a un punto muerto, y los persas pronto se dieron cuenta de que esta no sería la mejor manera de invadir Atenas. Comenzaron a cargar sus barcos nuevamente con la intención de navegar por la costa de Ática, la masa de tierra donde se encuentra Atenas, y desembarcar mucho más cerca de la ciudad.

Cuando los persas comenzaron a cargar sus barcos, las fuerzas griegas adicionales, que se habían escondido en las colinas boscosas que rodeaban la bahía de Maratón, descendieron sobre los desprevenidos soldados persas. Al hacer esto, lograron una rápida victoria y pusieron al ejército persa a la fuga.

Tan pronto como los persas lograron cargar el resto de sus tropas en sus barcos, comenzaron a navegar hacia el sur en dirección a Ática, pero el ejército ateniense, liderado por Milcíades, corrió hacia la ciudad y logró evitar que los persas descargaran sus tropas. Esto aseguró la victoria ateniense y obligó a los persas a regresar y a abandonar sus intentos de atacar Atenas.

La batalla de Maratón se considera una de las batallas más importantes no solo en las guerras médicas sino en toda la historia. La razón por la que es tan importante para este conflicto en particular es que demostró que los griegos podían, de hecho, derrotar a los persas. Para cuando ocurrió la batalla de Maratón en 490 a. C., los griegos habían estado implementando la falange, que es una formación militar que coloca a los soldados juntos para que sus escudos formaran esencialmente un gran muro de defensa. Esto demostró ser efectivo contra los persas, y funcionaría como modelo para la guerra griega durante los próximos siglos.

La razón por la cual esta batalla se considera tan importante para la historia del mundo es porque impidió que los persas tomaran el control total de Grecia. Todos somos conscientes del papel que los griegos tuvieron en el desarrollo de la historia europea y mundial, y muchos estudiosos argumentan que si los atenienses hubieran perdido la batalla de Maratón, entonces es muy posible que muchos de los avances en ciencia, filosofía y cultura provenientes de Grecia se habrían retrasado o tal vez nunca se habrían logrado bajo los persas, quienes probablemente habrían quemado Atenas hasta los cimientos y hubieran gobernado al resto de los griegos con un puño de hierro.

Conclusión

El segundo capítulo de las guerras médicas fue similar al primero, la Revuelta Jónica, excepto por una cosa: esta parte terminó con una victoria griega. Estos primeros años de la guerra fueron definidos por el dominio persa. Sin embargo, esto estaba a punto de cambiar. La batalla de Maratón permitió a Atenas mantener su independencia, y también demostró al resto de los griegos que los persas podían ser derrotados.

Sin embargo, Atenas todavía estaba en una situación grave, en gran parte porque la mayor parte del mundo griego había sido subyugado. Para intentar cambiar esto, los atenienses liderarían una ofensiva contra los persas que incluía ofrecer apoyo a las rebeliones que ocurrían en el resto del Imperio persa.

Pero quizás lo más importante que resultó de esta parte de la guerra fue que Esparta, que hasta ahora se había negado a formar parte del conflicto, vio el gran peligro que enfrentaba todo el mundo griego. Todavía pasaría algún tiempo antes de que se involucraran oficialmente, pero los eventos que condujeron a la batalla de Maratón demostraron que ya no podían permanecer al margen, y su decisión de entrar en el conflicto cambiaría radicalmente la guerra y, por ende, el curso de la historia antigua.

Capítulo 4 - Los años de entreguerras: Grecia y Persia se preparan para encontrarse de nuevo.

Tras la batalla de Maratón en 490 a. C., la primera parte de las guerras médicas llegó a su fin. La victoria griega sobre los persas demostró que los grandes ejércitos persas que habían marchado sobre Asia occidental y el noreste de África durante el siglo y medio anterior eran realmente mortales y podían ser derrotados. Además, los griegos habían aprendido mucho sobre cómo ganar en la batalla. Específicamente, habían perfeccionado su formación de falange para poder enfrentarse a los persas.

La campaña militar entre Grecia y Persia que tuvo lugar durante la primera década del siglo V y dejó a ambos lados débiles y necesitados de tiempo para reconstruirse. Así, el conflicto se detendría, aunque ambas partes sabían que esta ruptura en la acción era solo temporal. De hecho, después de que sus ejércitos fueron derrotados en la batalla de Maratón, Darío I inmediatamente comenzó a reunir una fuerza mucho mayor para marchar a Grecia y terminar su conquista.

Las principales ciudades-estado griegas que habían logrado mantenerse independientes también sabían que el conflicto renovado era probable en el horizonte, y comenzaron a hacer preparativos para la guerra. Una cosa importante que hicieron los atenienses fue pedirles ayuda reiteradamente a los espartanos, ya que, aunque el ejército ateniense había madurado considerablemente desde el comienzo de la guerra, seguían siendo la fuerza más débil. Solo la ayuda de Esparta los salvaría.

Darío I abre paso a Jerjes I

Cuatro años después de la batalla de Maratón, en 486 a. C., Darío probablemente se estaba preparando para mudarse a Grecia y retomar la guerra. Sin embargo, se detuvo porque muchos de los territorios dentro de Egipto que controlaban los persas habían descendido a la rebelión. Vieron que los ejércitos persas estaban distraídos en otra parte, y utilizaron esto como su oportunidad para derrocar a sus gobernantes y restaurar su propia autonomía política.

Sin embargo, mientras se dirigía a Egipto, Darío I murió, y fue reemplazado por su hijo, Jerjes I, quien había sido nombrado su sucesor antes de que Darío I saliera de campaña, como era la tradición en la monarquía persa. Jerjes se hizo cargo de las fuerzas que su padre había reunido y marchó a Egipto, aplastando rápidamente la rebelión. Esta rápida derrota le permitió a Jerjes devolver su atención a los griegos, desafortunadamente para ellos.

Lo interesante de Jerjes es que hay mucha investigación histórica que indica que tenía un apetito mucho menor por la guerra y la conquista a diferencia de sus predecesores, Darío I, Cambises y Ciro el Grande. Había nacido en las riquezas de un imperio en su apogeo, y después de haber sido nombrado heredero del trono a una edad temprana, pasó la mayor parte de su juventud en la corte, lejos de las estresantes líneas del frente. Era famoso por reutilizar muchos edificios, especialmente los religiosos, para harenes. Además, después de convertirse en rey y sofocar las rebeliones que estallaron como resultado, el cambio del trono era un momento común para que los territorios subyugados intentaran liberarse. Entonces, regresó a la Persia metropolitana para encargar y supervisar la construcción de nuevos palacios y mejorar las ya construidas por sus predecesores.

Sin embargo, los más cercanos a Jerjes no habían perdido el apetito por la guerra, y vieron que Grecia aún era vulnerable a los ataques. El mejor ejemplo de esto es Mardonio, uno de los generales que dirigió el ataque inicial a Grecia. Él estaba ansioso por ser nombrado sátrapa, el término para un gobernador provincial persa, y la conquista de un nuevo territorio en Grecia habría abierto más puestos. Para que esto sucediera, Mardonio convenció a Jerjes de que la guerra con los griegos era necesaria, quizás exagerando la amenaza que representaban.

Sin embargo, Mardonio no actuó solo. Los diplomáticos persas que habían sido capturados por los griegos y que vivían en Atenas lograron hacer correr la voz a los aliados fuera de Grecia. Planearon que un sacerdote que alguna vez desempeñó un papel importante dentro del gobierno persa, pero, sin el conocimiento de Jerjes, fuera desacreditado y viajara a reunirse con Jerjes para decirle que los dioses querían la guerra con los griegos. Esto pudo parecer exagerado, pero parecía haber funcionado, ya que después de escuchar a Mardonio y también a este sacerdote, Jerjes acordó que había llegado el momento de avanzar a Grecia.

Jerjes prepara a su ejército

Aunque los persas habían caído ante los griegos en la batalla de Maratón, su historial militar en todos los demás conflictos fue casi perfecto. Sin embargo, parte de la razón por la que Darío pudo ser tan exitoso fue porque había pasado los años antes de su invasión reuniendo un ejército mucho más grande que los griegos, porque el camino hacia Grecia es largo y traicionero. Una invasión requiere una fuerza considerable para tener alguna posibilidad de tener éxito.

Sin embargo, los preparativos que Jerjes emprendió para invadir Grecia superaron con creces los de su padre. Donde Darío había convocado a medio cuerpo del ejército, que ascendía a alrededor de 25.000 o 30.000 tropas, Jerjes reunió a la mitad de los seis cuerpos que conformaban todo el ejército persa, lo que significaba que comandaba un ejército de entre 175.000 y 180.000 tropas. Un ejército de este tamaño no se había visto antes en el mundo antiguo, y es el tema de muchas leyendas. Algunos textos griegos de la época sugieren que los persas tenían un ejército de más de medio millón de soldados, pero la mayoría de los historiadores están de acuerdo en que esto era una exageración y que era más probable que el número se acercara al número 175 / 80k.

Parte de la fuerza que Jerjes llevó a Grecia fueron los "Inmortales" persas. Esta era una fuerza de combate élite que formaba parte del ejército persa. Consistía en 10.000 soldados altamente entrenados que llevaban espadas de élite de hierro. Se llamaban Inmortales porque la máquina militar persa siempre logró mantener el número de Inmortales en 10.000. Esto significa que los que eran asesinados podrían ser reemplazados de inmediato, lo que había creado una fuerza de combate que efectivamente no podía ser derrotada, o eso dicen.

El resto del ejército de Jerjes estaba formado por esclavos y otros reclutas de todo el Imperio persa. Se cree que los medos constituyeron una gran parte de su fuerza de combate. Estas eran las personas que vivían al norte de la meseta iraní, a quienes los persas habían logrado conquistar bajo el mando de Ciro II. Podrían haber sido una fuerza mucho más débil que los Inmortales, pero el gran número de ellos habría sido suficiente para infundir miedo en el corazón de cualquier soldado griego. También pidió a los fenicios y, en menor medida, a los egipcios que suministraran barcos que pudieran acompañar a su ejército a Grecia.

Sin embargo, los preparativos de Jerjes no terminaron una vez que reunió a su fuerza de combate. Dado que su padre había sido expulsado de Grecia después de la batalla de Maratón, Jerjes no tenía una presencia militar en el continente griego, lo que habría significado que el ejército persa tendría que marchar una vez más a través de Dardanelos (el tramo de tierra donde ahora se encuentra Estambul), cruzar la costa tracia y pasar por Macedonia antes de llegar a las ciudades-estado griegas más poderosas.

Como resultado, Jerjes envió equipos de ingenieros y trabajadores por delante de sus ejércitos para construir puentes, mercados y puestos comerciales para que su ejército pudiera moverse fácilmente a través del duro terreno y también facilitara a los persas enviar suministros a los ejércitos mientras se abrían paso a través de Grecia. Este movimiento ayudó a separar a Jerjes de muchos de los otros conquistadores famosos de la antigüedad. La previsión para establecer líneas de suministro fue algo único, algo que creó el ejército persa para el éxito en sus campañas en Grecia.

Los griegos se preparan para la segunda ronda

Los preparativos realizados por los persas no habrían pasado desapercibidos. La mayoría de los griegos sabían que pasaría algún tiempo entre la Batalla de Maratón y el conflicto renovado, en gran parte porque ambas partes necesitaban tiempo para reagruparse. Pero nadie fue tan tonto como para pensar que la amenaza persa había llegado a su fin.

En este punto, sin embargo, solo había dos ciudades-estado que estaban preparadas para enfrentar a los persas: Atenas y Esparta. La mayoría de las otras ciudades habían sido subyugadas por Darío I y, por lo tanto, tenían una capacidad limitada para apoyar la guerra o habían sido quemadas, produciendo el mismo resultado.

Sin embargo, como recordamos, Esparta no había participado en la primera ronda de lucha con los persas. Se habían negado a ofrecer apoyo a los jonios que se rebelaron y, por lo tanto, no sintieron la necesidad de acudir en ayuda de Atenas cuando ella lo solicitó mientras se preparaba para que Darío I descendiera a través de Ática a Atenas.

Se cree que en 481 a. C. Jerjes, que a estas alturas ya habría estado casi listo para invadir, envió mensajeros a todas las principales ciudades-estado griegas pidiéndoles comida, tierra y agua como símbolos de su subordinación al trono persa. Pero Jerjes no mandó un enviado a Atenas o a Esparta, presumiblemente para ocultar sus planes a las dos ciudades que tenían la mejor oportunidad de enfrentarse y posiblemente de detener a Jerjes y a su ejército.

Este movimiento fue suficiente para convencer a Esparta de que necesitaba intensificar y suministrar tropas, no tanto por la seguridad del mundo griego sino por ella misma, ya que los persas habían dejado en claro que no estaban interesados en dejar a ningún griego libre e independiente. Entonces, se convocó un congreso para que todos los estados griegos se reunieran en la ciudad de Corinto, pero solo 70 de las 700 ciudades-estado griegas en ese momento enviaron un representante, lo que sugiere que muchos respondieron a Jerjes y aceptaron sus demandas.

Atenas y Esparta tomaron un papel de liderazgo en este congreso, en gran parte porque eran los más poderosos, pero también porque eran las dos ciudades en las que los persas habían centrado su atención. Las ciudades que participaron en estas reuniones finalmente acordaron apoyarse mutuamente en la guerra contra Persia, creando efectivamente la primera alianza panhelénica. Esto era desconocido en la historia griega hasta este momento, y lo que es aún más interesante es que muchas de las ciudades que acordaron formar parte de la alianza todavía estaban técnicamente en guerra entre sí. Sin embargo, todos reconocerían la amenaza común y decidieron unirse. Por esta razón, a los griegos a menudo se les conoce como los "Aliados" al discutir el siguiente capítulo de las guerras médicas.

Para los espartanos, que ya tenían uno de los ejércitos más grandes y mejor entrenados del mundo griego, los preparativos consistieron simplemente en convocar a sus tropas. Inicialmente, los espartanos querían centrar sus estrategias defensivas en el istmo de Corinto, el puente terrestre entre el Peloponeso y el resto de Grecia continental. Sin embargo, los atenienses, comprensiblemente, querían salir y encontrarse con los persas más al norte. Atenas se encontraba entre el ejército persa y el istmo de Corinto, lo que significaba que fortalecer esa posición era equivalente a abandonar Atenas, algo que no habría sido popular.

En los años anteriores a la formación de la "Liga griega", como a veces se le llama informalmente, los atenienses habían estado trabajando para expandir su flota. Un hombre llamado Temístocles, que apoyaba a las partes más pobres de la sociedad ateniense, había logrado convertirse en la figura política líder en Atenas, y su primer movimiento fue encargar la expansión de la flota ateniense. Cuando los atenienses descubrieron otra fuente de plata en 483 a. C., ampliaron aún más su capacidad de construcción, con la esperanza de que hacerlo les diera una ventaja decidida sobre los persas en términos de poder naval.

Conclusión

Se podría argumentar que esta pausa en el conflicto jugó más en beneficio de los griegos que de los persas. Les dio tiempo para formar una coalición, y también les dio la oportunidad de reconstruir su flota y su ejército para poder tener una mejor oportunidad de defenderse cuando el conflicto comenzara nuevamente.

Sin embargo, fácilmente se podría decir que los persas aún tenían la ventaja en 480 a. C. cuando comenzaron su marcha hacia Europa y se dirigieron al sur hacia Grecia. Su ejército era quizás la fuerza militar más grande jamás reunida en la antigüedad, y habían realizado esfuerzos minuciosos para facilitar una marcha fácil y exitosa a Grecia. Sin embargo, como todos sabemos, las cosas no siempre salen según lo planeado, y los persas estaban a punto de aprender esta importante lección de vida de la manera más difícil.

Capítulo 5 - La invasión de Jerjes
Parte 1: Las batallas de las Termópilas y el Artemisio

Jerjes y sus ejércitos cruzaron Dardanelos en la primavera de 480 a. C. y continuaron hacia Tracia y Macedonia, que atravesaron sin oposición. Para el verano de 480 a. C., habían pasado Terma, que se puede encontrar en la frontera de Macedonia y Tracia en el mapa que se muestra a continuación, y desde allí, continuaron su marcha hacia el sur.

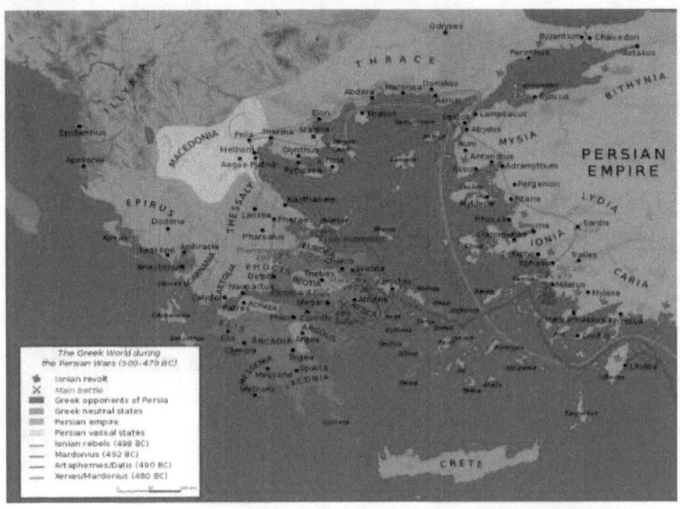

El congreso griego de aliados inicialmente había decidido reunirse con ellos en el Valle de Tempe, que era un puerto de montaña bien protegido en Tesalia. Sin embargo, terminaron abandonando esta estrategia cuando los macedonios, que habían sido subyugados por los persas pero aún simpatizaban con los griegos, les advirtieron que el Valle de Tempe podría ser evitado, especialmente por un ejército tan grande como el que viajaba con Jerjes.

Como resultado, eligieron las Termópilas como el centro de su defensa. Los espartanos habían sido acusados de proteger esta área en particular, y los atenienses navegaron con su flota hacia Artemisio, que se encontraba directamente al noreste de las Termópilas.

Los persas detuvieron brevemente su marcha para esperar a que su flota los alcanzara, y luego continuaron su marcha hacia el sur hacia Grecia. El éxito inicial de Jerjes le dio la confianza de que obtendría una victoria rápida, mientras que los griegos tenían la esperanza de que su posición estratégica en un terreno difícil les daría una ventaja para infligir una cantidad suficiente de daño en el ejército persa, obligándolos a retroceder y abandonar su invasión. Las diferentes estrategias, así como los preparativos, significaron que el escenario estaba preparado para algunas de las batallas más famosas de todos los tiempos.

La batalla de las Termópilas

La batalla de las Termópilas ha pasado a la historia como una de las batallas más famosas en la historia del mundo antiguo. Se han hecho innumerables historias y pinturas para glorificarla, y más recientemente, Hollywood se unió a la fiesta con la creación de la película 300, que dramatizó las acciones de los espartanos mientras marchaban para encontrarse con los persas.

Como siempre, Hollywood y otros sensacionalistas probablemente lo han exagerado, pero sus representaciones reflejan la realidad de alguna manera, y la importancia de esta batalla no debe pasarse por alto. Sin embargo, los griegos perdieron esta batalla, y no fue hasta más tarde que obtuvieron una victoria decisiva sobre sus enemigos persas.

En algo en que los dramaturgos han acertado acerca de la batalla de las Termópilas es que los espartanos no querían pelear. Es cierto que acordaron unirse al resto de los griegos para luchar contra los persas, pero los espartanos tenían reglas estrictas sobre cuándo podían ir a la guerra, y una de ellas era que tenían prohibido marchar durante el festival de Carneia, que era una celebración anual de uno de los dioses más importantes en la cultura espartana.

Como resultado, cuando los atenienses mandaron un enviado a Esparta rogándoles que enviaran tropas al paso en las Termópilas para que pudieran frenar el avance persa, inicialmente fueron rechazados. Sin embargo, los espartanos sabían muy bien que su ausencia en el conflicto significaría la victoria para los persas, por lo que se dispusieron a encontrar una manera de eludir la ley de los dioses.

La forma en que lo hicieron fue reunir una fuerza de solo 300 de sus mejores soldados. Lo blandieron como una "expedición", lo que significa que no iban oficialmente a la guerra, aunque todos los espartanos en ese momento eran muy conscientes de que se dirigían directamente a la batalla. Además, reemplazaron a las tropas más jóvenes de élite con veteranos que ya tenían hijos, una medida que demuestra el pesimismo espartano sobre sus posibilidades de victoria. Aun así, esta fuerza estaba hecha de espartanos, que eran por mucho la mejor unidad militar en el mundo griego, pero la fuerza era tan pequeña que pocos pensaron que tenían alguna posibilidad contra el ejército masivo de Jerjes que se abría paso rápidamente por el continente griego.

Sin embargo, donde Hollywood falla es en suponer que los únicos griegos que lucharon en la batalla de las Termópilas fueron los espartanos. A ellos se les unieron otros 7.000 hoplitas griegos (los soldados portadores de lanzas que se encontraban en la mayor parte de Grecia en ese momento), pero esto dejó a los griegos superados en número. Sin embargo, como veremos, lucharon valientemente, y esto les valió un lugar en la historia.

La importancia de las Termópilas descansa en su geografía. En el mapa, es fácil ver que se encuentra justo a lo largo de la costa, y hacia el oeste, hay montañas que son difíciles de cruzar. El único camino hacia el sur desde allí hacia Atenas y Esparta era continuar a lo largo de la costa. Sin embargo, la tierra entre el golfo Mariano al norte y las montañas al oeste se redujo, y este tramo de tierra se conocía como el paso de las Termópilas. Este estrecho pedazo de tierra les dio a los griegos una ventaja, ya que podían sostenerlo con una pequeña fuerza y potencialmente derrotar a los persas el tiempo suficiente como para desanimarlos a avanzar.

Cuando los espartanos llegaron a las Termópilas, establecieron una falange en el paso y esperaron a que llegaran los persas. Cuando lo hicieron, Jerjes esperó cuatro días a que los griegos se dispersaran. Esperaba que abandonaran su posición al ver la inmensidad del ejército persa. Sin embargo, los espartanos no abandonaron su posición, y esto obligó a Jerjes a movilizar a sus tropas y avanzar.

Incluyendo estos cuatro días en los que Jerjes esperó a que los griegos se dispersaran voluntariamente, la batalla de las Termópilas duró siete días. El hecho de que los griegos pudieron mantener a raya a los persas durante tanto tiempo no hablaba tanto de la destreza militar de los griegos, sino más bien de la ventaja significativa que les brindaba el paso de las Termópilas. Los persas solo conocían un camino hacia la costa, el paso, lo que significaba que no podían avanzar hasta que tomaran este difícil terreno.

El primer día de batalla, Jerjes ordenó a 5.000 arqueros bombardear la pequeña fuerza griega, pero los griegos, con sus escudos y resistentes cascos, pudieron resistir este ataque. Jerjes luego envió a 10.000 soldados de infantería para atacar el paso, pero no pudieron avanzar. Luego envió a sus Inmortales a la batalla, pero tampoco pudieron derrotar a la falange griega.

El segundo día de la batalla produjo efectos similares: los persas arrojaron sus tropas a la formación griega, pero no pudieron avanzar. Sin embargo, en el segundo día, un hombre griego llamado Efialtes se acercó a los persas y, traicionando a sus compañeros griegos, le dijo a Jerjes sobre un camino alrededor del paso a través de las montañas. Esto permitiría a los persas flanquear a los griegos y atacarlos desde ambos lados, un movimiento que les garantizaría la victoria.

Al final del segundo día, los griegos se enteraron de que los persas habían descubierto la ruta alrededor del paso, y sabían que esto significaba su derrota. El rey y general espartano, el mundialmente famoso Leónidas, convocó a un consejo, y terminó desestimando gran parte de su fuerza. La leyenda dice que hizo esto porque los espartanos nunca se retiraron, lo cual es una noción falsa, o porque había recibido una profecía del Oráculo antes de partir a la guerra que decía que moriría si no defendía a Esparta. Sin embargo, la mayoría de los historiadores están de acuerdo en que la razón principal para enviar tropas lejos era protegerlos de la matanza. Sabía que los persas ganarían la batalla una vez que hubieran flanqueado a los griegos, y él habría querido salvar a sus tropas para que pudieran vivir para luchar contra los persas una vez más.

Como resultado de esta decisión, el tercer día de la batalla de las Termópilas fue una matanza. Casi todos los griegos que se habían quedado, una fuerza de aproximadamente 1.500 soldados —300 espartanos, 700 tespios y 400 tebanos, así como una colección de ilotas espartanos (esclavos) - fueron asesinados, y los persas fueron libres de continuar su avance por la costa griega hacia Atenas y Esparta. Este último día de batalla fue en parte el por qué este intercambio es tan famoso. Se han hecho muchas pinturas sobre esta "posición final", ya que el heroísmo requerido para mantenerse en pie y luchar hasta la muerte es algo que los poetas y artistas han glorificado desde el principio de los tiempos. A continuación, se puede ver un ejemplo de una de estas pinturas, Leónidas en las Termópilas, del pintor francés Jacques Louis David. Esta pintura en particular se exhibe actualmente en el Louvre de París. También se puede ver un boceto del paso de las Termópilas, que ayuda a mostrar por qué la estrategia de los griegos fue inicialmente tan exitosa, pero que finalmente fue frustrada por las fuerzas persas que lograron flanquearlos.

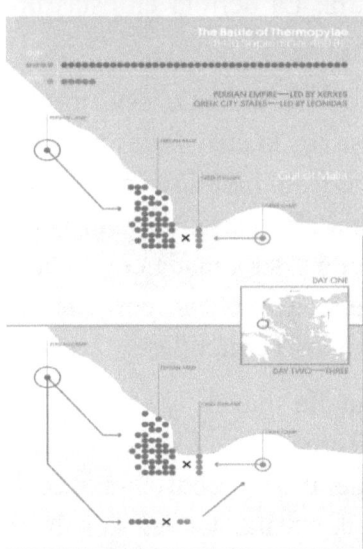

Sin embargo, a pesar de lo famosa que es esta batalla, aun así fue una victoria para los persas. Pero los griegos lograron infligir un daño considerable al ejército persa. La mayoría de las estimaciones sugieren que las bajas persas fueron de alrededor de 20.000, lo que palidece en comparación con las pérdidas griegas, que fueron alrededor de 4.000. Sin embargo, incluso esto no habría supuesto mucha diferencia. El ejército persa aún era vasto, y fue la razón por la cual la batalla de las Termópilas se entiende mejor como una victoria moral en lugar de un ejemplo de que los griegos obtuvieron una verdadera ventaja táctica sobre sus adversarios.

La batalla del Artemisio

Al mismo tiempo que ocurría la batalla de las Termópilas, en agosto o quizás en septiembre de 480 a. C., las flotas griegas y persas se enfrentaron en la batalla de Artemisio, que es el nombre de un cabo ubicado en la esquina noreste de la península de Eubeo. El plan griego era tratar de detener a los persas tanto en el cabo de Artemisio como en el paso de las Termópilas, ya que ambos proporcionaron a los griegos una ventaja geográfica considerable, y también habría mantenido a los ejércitos persas atacantes a una distancia relativamente segura de Atenas y Esparta. La derrota en estas dos batallas habría sido devastadora para los griegos.

Los persas, sin embargo, habrían estado al tanto de este terreno difícil, y esta fue probablemente la razón por la cual Jerjes pasó por una preparación tan minuciosa antes de su invasión. Sabía que necesitaba pasar por Tracia y Macedonia sin oposición para poder entrar en Grecia continental con su ejército y su armada con toda su fuerza. Esta estrategia funcionó y ayuda a explicar por qué los griegos fueron derrotados de esa forma en las Termópilas.

La batalla de Artemisio fue una batalla naval, y tuvo lugar simultáneamente con la batalla de las Termópilas. Esto es de gran importancia, ya que, si los griegos hubieran sido conscientes de lo que estaba sucediendo en el otro campo de batalla, tal vez se habrían retirado antes para tomar una posición diferente, pero no tenían este conocimiento y, por lo tanto, continuaron según lo planeado.

La flota persa que descendía de Terma, la ciudad en la frontera de Macedonia y Tracia, estaba compuesta principalmente por barcos y marineros provistos por casi todas las partes del Imperio persa, excepto Persia. Egipto, Fenicia y Siria proporcionaron la mayor cantidad de barcos, pero los persas también recurrieron a Chipre y Jonia (la región donde muchos griegos habían vivido y una vez se rebelaron contra los persas) para ayudar a reunir una gran flota para la invasión.

Jerjes se vio obligado a hacer esto porque Persia no tenía flota. Como país sin litoral, no habrían tenido tradición naval, y esto significaba que Jerjes habría tenido que depender de sus súbditos imperiales para proporcionar personas y suministros para su armada.

Como resultado, su lealtad pudo ser cuestionada. Egipto estalló en una revuelta generalizada después de que Darío murió y Jerjes se convirtió en rey, y Siria y Fenicia se unirían. Su participación en esta guerra habría sido forzada, algo que es un tema común en la historia militar persa y un concepto que exploraremos con mayor detalle más adelante. Además, habría habido dificultades en la comunicación entre los comandantes y las tropas debido al lenguaje, la distancia y la confusión sobre quién estaba realmente a cargo. Esta combinación de factores pudo explicar parcialmente por qué los persas no tuvieron éxito en su intento de invadir Grecia.

Por otro lado, la flota griega estaba compuesta enteramente por barcos y marineros griegos. Los atenienses proporcionaron la mayor parte, que ascendía a unos 130 barcos, un poco menos de la mitad de la fuerza total. El siguiente mayor contribuyente fue Corinto, que dio 40 barcos. Esparta dio solo 10 barcos, en gran parte porque habían sido un poder terrestre durante la mayor parte de la historia y, por lo tanto, probablemente no tenían muchos más barcos para dar.

A pesar de la composición diferente de las dos flotas, una cosa seguía siendo cierta: los griegos eran superados en número en comparación con la flota persa. Se cree que los persas tenían alrededor de 1.200 barcos en su flota, tripulados por unos 36.000 infantes de marina y más de 200.000 remeros. Los marines eran los responsables de abordar los barcos o llegar a tierra para continuar la batalla, mientras que los remeros permanecían en el bote y lo conducían a donde más se necesitaba. Los griegos, por otro lado, tenían un poco menos de 300 barcos, un poco más de 4.000 infantes de marina y unos 45.000 remeros. Como tal, esperaban que las difíciles aguas alrededor del cabo de Artemisio fueran su mayor aliado en esta batalla.

Una pequeña ventaja que la flota griega tenía en Artemisio en comparación con la Batalla de las Termópilas era que estuvieron allí mucho antes. Los desacuerdos dentro del congreso griego, en gran medida entre los espartanos de mentalidad defensiva y el resto de la Liga griega, sobre qué posición defensiva debían tomar retrasaron la fuerza terrestre. Sin embargo, la armada liderada por los atenienses, que dependía muy poco del aporte espartano, vio a Artemisio como la opción lógica para una defensa naval, por lo que pudieron moverse más rápido para ponerse en posición.

Sin embargo, poco antes de que la lucha realmente comenzara, los griegos recibieron la noticia de sus exploradores de que los persas tomarían una ruta diferente y navegarían hacia el este, alrededor de Eskíatos. Esto les habría permitido no solo evitar a la flota griega estacionada en Artemisio, sino que también habría recortado el camino griego de retirada, que habría sido a lo largo de la costa oriental de Eubeo o tal vez incluso por el estrecho de Euripo, que separa a Eubea de Ática y de Beocia.

Esta posibilidad alarmó a los griegos, por lo que tomaron la mayor parte de su fuerza y se retiraron a Calcis, que está más al sur en el estrecho de Euripo y le habría dado a la flota griega una mejor oportunidad de alejarse de los persas antes de desembarcar en Ática y atacar Atenas, pero también dejó abierta la posibilidad de regresar a Artemisio si el curso de la batalla les dictaba que lo hicieran.

El primer día de la batalla de las Termópilas, que en realidad no vio combates porque, como recordamos, Jerjes decidió esperar tres días para ver si los griegos se dispersaban y se rendían, una tormenta azotó la costa de Eubea. Esta tormenta llevó a una buena parte de la flota persa a las rocas, destruyendo aproximadamente un tercio de sus naves. Pero incluso después del daño causado por la tormenta, la flota persa aún era significativamente más grande que la armada aliada.

En este punto, algunos comandantes griegos pensaban que el mejor movimiento era hacer una retirada completa al ver que eran terriblemente superados en número, pero los eubeos, que habrían sido conquistados por los persas si las fuerzas aliadas se hubieran retirado, lucharon contra este plan. La leyenda dice que sobornaron a Temístocles, el líder ateniense, para que sobornara a los comandantes espartanos y corintios para que se quedaran y lucharan. Tiene sentido que hubiera aceptado esto en gran medida porque la estrategia para defender las Termópilas y el Artemisio fue suya en primer lugar.

Además, los combates habían estallado oficialmente en las Termópilas, y los griegos sabían que abandonar el Artemisio dejaría el flanco derecho de sus fuerzas que se encontraban luchando allí completamente abierto. Los persas podrían haber navegado hacia el estrecho de Euripo, haber desembarcado en las Termópilas y haber destruido completamente la fuerza griega que intentaba bloquear el paso. Entonces, la flota griega salió de Calcis y navegó hacia el norte una vez más para encontrarse con los persas en Artemisio.

Es fácil preguntarse ¿por qué la flota griega se movió tanto? Si el plan original era defender las Termópilas y el Artemisio, ¿por qué habrían estado tan ansiosos por retirarse? Las principales teorías son que las comunicaciones entre los exploradores y los comandantes no eran excelentes, lo que pudo haber causado que se confundiera parte de la información transmitida. Pero otra teoría, que probablemente se ajusta mejor para explicar las acciones griegas antes de la batalla, es que simplemente estaban asustados. Sabían que estaban superados en número, y también sabían que estas batallas equivalían esencialmente a una última posición para los griegos. No querían que los atraparan esperando en la posición incorrecta, por lo que decidieron moverse y asegurarse de que no los tomarían desprevenidos.

El primer día de lucha en la batalla de Artemisio también fue el primer día de lucha en la batalla de las Termópilas, aunque se cree que la lucha en Artemisio comenzó tarde en el día, mientras que la lucha en las Termópilas comenzó por la mañana. Los persas vieron a la flota aliada remando hacia el tramo de agua cerca del cabo de Artemisio, y se dirigieron hacia ellos para atacar. Heródoto escribe que los barcos griegos tomaron una formación que parecía una media luna, con cada barco dando la espalda a la flota persa que avanzaba. Esto les habría dado la oportunidad no solo de disparar flechas a los persas mientras atacaban, sino que también les dio la oportunidad de escapar si los persas lograran vencerlos.

Además, la flota griega tenía una señal preestablecida para comenzar a remar hacia afuera, que la utilizaron cuando la flota persa se acercaba. Esto les permitió dar vueltas y atrapar a los persas, un movimiento que permitió a los griegos infligir un daño considerable en la flota persa, aunque esto solo ascendió a una treintena de barcos. Sin embargo, ese mismo día, los Aliados recibieron noticias de que una gran fuerza de la flota persa había sido destruida en la tormenta que golpeó solo unos días antes, lo que les habría dado esperanza.

No hubo combate al día siguiente. Los persas, después de sufrir pérdidas tanto en el día anterior de la batalla como en la tormenta, querían pasar un tiempo arreglando sus barcos lo mejor que podían y prepararse para otro ataque a gran escala, que llegó al día siguiente. Durante ese encuentro, los Aliados intentaron una vez más bloquearon el estrecho de Artemisio, pero la flota persa era simplemente demasiado grande para que pudieran hacerle frente. Sin embargo, lucharon valientemente, y las pérdidas fueron más o menos equivalentes en ambos lados. Sin embargo, dado que la flota aliada era mucho más pequeña, les resultaba más difícil soportar tales pérdidas, y muchos de los comandantes griegos querían retirarse.

Igualmente, esperaron hasta escuchar noticias de las Termópilas, ya que si se retiraban mientras los soldados en el paso aún estaban peleando, los expondrían a ataques desde el este, que era el propósito inicial al tomar la posición defensiva en Artemisio. Sin embargo, cuando llegaron noticias de que los persas habían encontrado una forma de evitar el paso y habían aniquilado a la fuerza griega que quedaba, Artemisio ya no tenía ningún significado estratégico, por lo que la flota griega decidió retirarse, lo que significa que los persas emergieron de la batalla de Artemisio como los vencedores.

El siguiente mapa debería ayudar a dar vida a muchos de los eventos y movimientos que acabamos de comentar. La flecha negra muestra el camino del ejército persa hacia las Termópilas, mientras que las dos estrellas representan las Termópilas (a la izquierda) y el Artemisio (a la derecha). El punto amarillo es Calcis. Como referencia, Atenas está marcada con un punto verde, Esparta con un punto azul, y el istmo de Corinto, que se convertirá en una parte importante del próximo capítulo de la guerra, se indica con un punto púrpura.

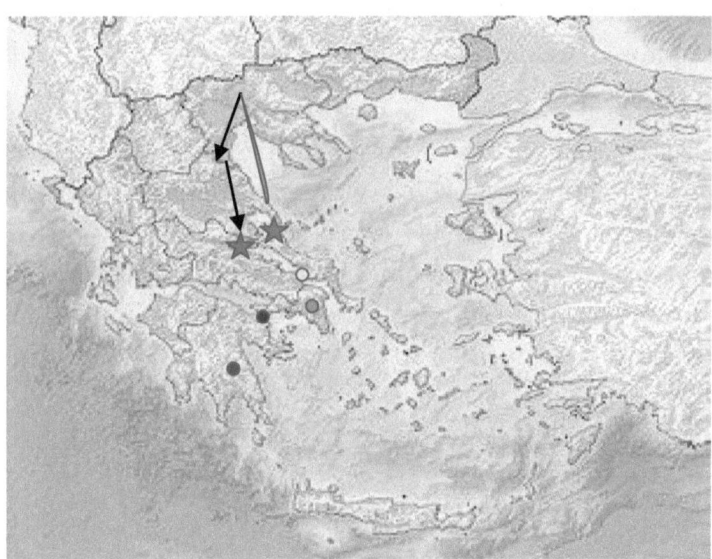

Conclusión

En general, la derrota que sufrieron los griegos en Artemisio no fue tan catastrófica como la derrota sufrida en las Termópilas. Por un lado, los griegos habían demostrado que, al tomar posiciones defensivas en estrechos de agua, podían nivelar el campo de juego con una flota persa mucho más grande, lo que les habría dado la esperanza para las batallas siguientes.

Pero esto no debería quitarle el hecho de que en este punto las fuerzas aliadas, así como todo el mundo griego, estaban en un peligro significativo. Al abandonar las Termópilas y el Artemisio, los griegos esencialmente sacrificaban Eubea y Beocia, y también dejaron Ática, donde se encontraba Atenas, abierta para que los persas la atacaran. De hecho, en este punto, los griegos estaban bastante seguros de que Atenas sería atacada, por lo que los atenienses estaban evacuando en masa a lugares más seguros en todo el mundo griego.

Hasta este momento, la victoria persa habría parecido casi inevitable, pero varios golpes de suerte, así como el uso de algunas estrategias y tácticas militares efectivas, ayudaron a cambiar las tornas a favor de los griegos, dándoles la oportunidad no solo de hacer retroceder a los persas, sino de también inclinar permanentemente las balanzas de la guerra a su favor.

Capítulo 6 - La invasión de Jerjes Parte 2: Las batallas de Salamina y Platea

Después de ser derrotados tanto en las batallas de las Termópilas como en el Artemisio, los griegos se dispusieron oficialmente a huir. Temístocles, el líder de la asamblea ateniense y el comandante supremo de facto de los griegos aliados, sugirió que se matara todo el ganado en Eubea y se destruyera la mayor cantidad posible de tierras de cultivo. Este movimiento habría sido diseñado para evitar que los persas adquieran estos recursos en su marcha hacia Grecia.

Desesperado por algo a su favor, Temístocles envió pequeñas fuerzas a todas las principales fuentes de agua entre las Termópilas y Atenas para dejar mensajes en griego para los jonios diciendo que se habían alzado en armas con los persas. Los jonios, recuerden, eran los griegos que vivían en Asia Menor que intentaron rebelarse contra los persas, pero que habían sido derrotados. Este mensaje ha sido conservado a través del tiempo y se ha traducido como:

Hombres de Jonia, eso que están haciendo no es correcto, haciendo campaña contra sus padres y deseando esclavizar a Grecia. Sería mejor si se colocan de nuestro lado. Pero si esto no es posible, al menos durante la batalla, apártense y rueguen a los carios que hagan lo mismo con ustedes. Pero si no puede hacer lo uno o lo otro, si están encadenados por una fuerza superior y no pueden desertar durante las operaciones, cuando nos acerquemos, actúen deliberadamente como cobardes recordando que somos de la misma sangre y que la primera causa de animosidad con los bárbaros vino de ustedes.

Temístocles esperaba que al hacer esto alentaría a los soldados reclutados a desertar y unirse a la causa griega, un movimiento que habría ayudado a nivelar el campo de juego. Sin embargo, no se cree que estas súplicas hayan funcionado.

Lo único que funcionaba para los griegos en este momento era que se habían dado cuenta de que podían enfrentarse a la flota persa en espacios pequeños, donde los números persas muy superiores podían neutralizarse. Este sería el foco principal de la estrategia griega para este punto de la guerra, en gran parte debido al liderazgo de Temístocles, quien fue el mayor defensor de esta idea.

El avance de los persas y la retirada de los griegos

Cuando la flota aliada decidió retirarse, eligieron la isla de Salamina como su destino. El propósito de esto era ayudar en la evacuación de Atenas, que en este momento estaba casi perdida porque no había forma de que los griegos pudieran detener el avance de los persas en Beocia y Ática.

El ejército griego evaluó correctamente que no tenían muchas posibilidades de enfrentarse a los persas en una batalla abierta, por lo que se retiraron a la mejor posición defensiva posible que tenían disponible, el istmo de Corinto. Este era un buen lugar para resistir, ya que era la única forma de llegar al Peloponeso, donde se ubicaban Esparta, Corinto y Argos, por tierra. En ese momento, solo había un camino en el istmo que los griegos habían destruido, y también construyeron un muro improvisado destinado a reforzar sus defensas.

Las victorias en Artemisio y las Termópilas permitieron a los persas continuar su avance hacia las ciudades griegas más importantes, principalmente Atenas y Esparta. Pero antes de que realizaran este ataque, querían castigar a los griegos que se interponían en su camino y que se habían negado a someterse a Jerjes cuando les ofreció la oportunidad de hacerlo antes de su invasión.

Su primera parada fue Eubea, que se convirtió en responsabilidad de la flota persa. Desembarcaron cerca de la ciudad de Istiaía, y asolaron la ciudad y el territorio a su alrededor. Desde allí, continuaron hacia el sur para quemar y saquear las ciudades de Beocia que aún no se habían sometido a ellas, principalmente Platea, que más tarde sería el escenario de otra batalla importante, y Tespias. Una vez que hicieron esto, su próximo objetivo era Atenas, aunque para este punto casi toda la población de la ciudad había sido evacuada a la isla de Salamina. A finales de 480 a. C., el pequeño grupo de soldados griegos guarnecidos en la Acrópolis ateniense había sido destruido, y Atenas cayó en manos de invasores extranjeros por primera vez en la historia.

El siguiente mapa muestra hacia dónde se dirigían los persas y también el lugar donde los griegos habían tomado posiciones defensivas después de la Batalla de las Termópilas. Tespias es el punto negro, Salamina el punto blanco e Istiaía es el punto naranja.

La estrategia inicial griega fue bloquear el Golfo Sarónico, que son las aguas que se extienden hasta el este del istmo de Corinto y que incluyen la isla de Salamina. Sin embargo, Temístocles diseñó una estrategia brillante nuevamente. En lugar de extender su flota por todo el golfo Sarónico, lo que habría reducido su línea y le habría dado una mayor ventaja a la flota persa, Temístocles eligió en cambio mantener su flota cerca de la isla de Salamina, con la esperanza de que al hacerlo haría que la flota persa viniera hacia él. Este movimiento terminó siendo inteligente ya que condujo a la Batalla de Salamina, un punto de inflexión definitivo en las guerras médicas.

La batalla de Salamina

Aunque Jerjes había logrado una victoria en la batalla de las Termópilas, esta tuvo un alto costo, y esto le hizo darse cuenta de que su ejército tenía pocas posibilidades de vencer a los griegos si estaban en una posición bien defendida, como el pase de las Termópilas o, en este caso, el istmo de Corinto.

Esta comprensión obligó a Jerjes a cambiar su estrategia. Sabía que, si quería invadir a los griegos y poner fin a la guerra, necesitaría ganar esta batalla naval porque la única forma de invadir el Peloponeso habría sido evitar el ejército griego en el istmo de Corinto por el mar. Su lógica tenía sentido, pero cometió un error crítico al elegir involucrar a los griegos en su posición, que estaba en el estrecho de Salamina.

El siguiente mapa muestra cómo tuvo lugar la batalla de Salamina. Como puede ver, la flota aliada había tomado una posición en un tramo de agua bastante estrecho, y debido a esto, los números persas ya no importaban. De hecho, se convirtió en un obstáculo activo. La mayoría de los relatos de la batalla indican que las naves persas chocaban entre sí, infligiéndose más daño entre ellos mismos que el que le producían los griegos. Además de esto, la flota aliada lanzó un contraataque contra los persas, y esto les permitió dar un golpe decisivo a la flota persa. Lograron destruir más de doscientos barcos, que, cuando se combinaron con las pérdidas que sufrieron los persas en Artemisio, así como en la tormenta que precedió a esa batalla, significaron que la fuerza naval persa había sido neutralizada.

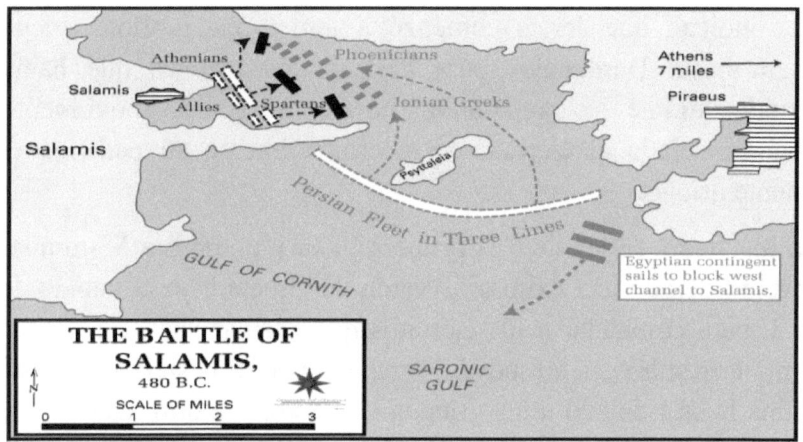

Fuente: **Ancient.eu**

No está claro por qué Jerjes eligió atacar a la flota aliada en el estrecho de Salamina. Es posible que quisiera destruir la flota para poder desembarcar en la isla de Salamina y matar a los atenienses que habían evacuado a un lugar seguro. Otra teoría, que es igualmente plausible, es que simplemente subestimó la ventaja estratégica que los estrechos le brindaban a los griegos, pensando una vez más que sus números enormemente superiores serían suficientes para aplastar a la flota griega y darle la victoria que necesitaba.

Sin embargo, el efecto principal de la batalla de Salamina fue que efectivamente terminó con la amenaza invasora que se cernía sobre el Peloponeso. Sin una armada para eludir al ejército griego en el istmo de Corinto, habría sido imposible para Jerjes lograr su objetivo inicial de conquistar toda Grecia. Debido a esto, así como a otros factores, la batalla de Salamina a menudo se considera el punto de inflexión en las guerras médicas.

La retirada de Jerjes y el contraataque de los griegos

Tras ser derrotado en la batalla de Salamina, Jerjes podía sentir que el curso de su invasión comenzaba a volverse en su contra. Los griegos habían tomado una posición defensiva sólida en el istmo de Corinto, y su flota había sido severamente dañada. En este punto, las fuentes indican que Jerjes comenzó a temer que la flota griega navegara hasta Dardanelos para destruir los puentes que había construido durante sus preparativos para la guerra, un movimiento que habría dejado al ejército persa esencialmente atrapado en el continente griego.

Como resultado, Jerjes dejó la primera línea y nombró a Mardonio, que había liderado una exitosa invasión de Grecia bajo el mando de Darío I, para comandar a los ejércitos que permanecían en Grecia. Este miedo resultó ser infundado, ya que dejar su posición cerca de Salamina habría dejado a los griegos vulnerables a otro ataque. Por lo tanto, la mayoría de los investigadores creen que Jerjes se retiró porque la invasión había tomado, y parecía que tomaría, mucho más tiempo de lo que esperaba, y no le gustó la idea de estar en los bordes exteriores de su imperio durante tanto tiempo.

Sin embargo, sin importar su razonamiento, tenía razón en una cosa: los griegos se habían encontrado inesperadamente en una posición bastante ventajosa. Pero también sabían que no podían quedarse en el istmo de Corinto para siempre. Se necesitaba un contraataque para hacer retroceder a los persas y librarlos de Grecia de una vez por todas. Pero llegó el invierno y la lucha por el año casi se detuvo.

Esto produjo un breve punto muerto en las guerras médicas. La derrota de la flota persa en Salamina, junto con las condiciones invernales, significaron que los atenienses podían regresar a su ciudad. Mardonio, reconociendo la inutilidad de intentar atacar el istmo de Corinto, intentó demandar la paz enviando a Alejandro I de Macedonia, una región que fue subyugada en ese momento a los persas, para ofrecer acuerdos. Pero estos acuerdos, que habrían requerido que los griegos se convirtieran en súbditos persas, fueron rechazados, y Atenas fue evacuada nuevamente, y más tarde esa primavera, fue invadida y saqueada nuevamente.

En este punto, comenzaron a surgir tensiones dentro de la alianza griega. Los atenienses sintieron que los espartanos no les habían dado suficiente reconocimiento por su esfuerzo en la guerra en este momento, y lo dieron a conocer al negarse a ofrecer su flota a los aliados en defensa del Peloponeso en la primavera de 479 a. C. Este movimiento habría puesto nerviosos a los espartanos en gran medida porque su estrategia defensiva en el istmo dependía del apoyo naval, y la armada aliada estaba compuesta principalmente por barcos atenienses. El principal punto de discusión entre los atenienses era que los espartanos no estaban haciendo lo suficiente para ayudar a derrotar al ejército persa. Recuerde, los espartanos enviaron unos pocos cientos de soldados a la batalla de las Termópilas, y sus contribuciones a la flota aliada hasta este punto habían sido escasas.

Mardonio ofreció paz una vez más después de saquear Atenas por segunda vez, y los atenienses usaron esto para obligar a los espartanos a actuar diciéndoles que aceptarían los términos de Persia, una medida que una vez más habría aterrorizado a los espartanos, ya que habría dejado completamente solos contra los persas. La respuesta de los espartanos fue convocar a un gran ejército de varios miles y marchar contra los persas que daría lugar a la batalla de Platea, que fue quizás el mayor punto de inflexión en la guerra terrestre entre Grecia y Persia.

La batalla de Platea

Después de saquear Atenas por segunda vez en menos de un año, Mardonio posicionó a su ejército en Tesalia, la región justo al norte del istmo de Corinto. La batalla de Salamina había dejado diezmada a la flota persa, y aunque gran parte de Grecia ya había sido conquistada, esta victoria y la partida de Jerjes mostraron que las cosas podrían estar cambiando a favor de las fuerzas aliadas. Sin embargo, sin una mayor contribución espartana al ejército aliado, los griegos habrían sido superados en número.

Sin embargo, los espartanos finalmente llegaron y suministraron a las fuerzas aliadas un número significativo de tropas. Heródoto estimó que había más de 300.000 soldados en cada lado, pero las estimaciones modernas sugieren que a los persas, que comenzaron su campaña con aproximadamente 180.000 soldados en total, les quedaban aproximadamente 80.000 hombres entre sus filas. Las pérdidas en las Termópilas y Salamina, combinadas con la retirada de Jerjes, habían disminuido significativamente su fuerza.

Una vez más, el ejército persa estaba formado por una combinación de diferentes personas. La fuerza más prominente eran los Inmortales persas, pero también había medos, bactrianos, escitas e indios que luchaban como parte del ejército persa. Sin embargo, quizás lo más interesante es que se estima que había unos 20.000 griegos en el ejército persa. Estas tropas fueron dadas por Macedonia, Tebas y Tesalia, que acababan de ser conquistadas por los persas. El hecho de que estos griegos estuvieran tan dispuestos a entregar tropas al ejército persa demuestra cuán fragmentado estaba el mundo griego en ese momento y también lo fácil que era para las diferentes ciudades-estado enfrentarse entre sí. Este hecho jugó un poco en la estrategia que Mardonio usó en la batalla de Platea, la que discutiremos en breve.

Los Aliados, que ahora cuentan con un gran contingente espartano, desplegaron un ejército de aproximadamente 70.000 soldados, lo que significaba que la batalla de Platea fue el primer encuentro de esta guerra donde ambos bandos eran aproximadamente iguales en número, un escenario que hubiera puesto a los griegos en una posición ventajosa, especialmente dada su capacidad comprobada para aprovechar las posiciones estratégicas en la victoria sobre sus oponentes más numerosos. Se cree que los espartanos constituyeron la mayor parte de la fuerza aliada. Algunas estimaciones sugieren que enviaron 5.000 espartanos, otros 5.000 hoplitas y unos 35.000 ilotas. Estos números han sido cuestionados, pero la mayoría de los historiadores están de acuerdo en que este ejército espartano pudo haber sido el más grande jamás reunido. Atenas y Corinto fueron los siguientes mayores contribuyentes a la fuerza aliada, pero casi todas las ciudades libres restantes de Grecia enviaron algún tipo de fuerza. Platea, por ejemplo, que era una ciudad pequeña, envió solo 600 hoplitas a una batalla que se libraba justo fuera de sus muros.

Una vez más, el curso de la batalla de Platea fue fuertemente dictado por la geografía. Las fuerzas aliadas marcharon hacia el norte a través de Tesalia, y cuando llegaron a Platea, estaban en un terreno más alto que el ejército persa, que estaba acampado justo al otro lado del río Asopo. Los griegos se establecieron en su posición, eligiendo no renunciar a su lugar ventajoso y esperando que los persas optaran por atacar. Sin embargo, los persas reconocieron que los griegos tenían el terreno más alto, y esto los hizo reticentes al ataque. Como resultado, los primeros ocho días de la batalla de Platea vieron poca o ninguna acción, a pesar del hecho de que ambas partes estaban buscando ganar una batalla decisiva que pudiera inclinar la guerra a su favor y tal vez incluso ponerle fin.

La razón por la que el punto muerto duró tanto fue porque ambas partes pudieron recibir fácilmente los suministros adecuados para sus ejércitos. Los flancos persas estaban cubiertos y tenían acceso al río Asopo para obtener agua. Los griegos pudieron recibir suministros del otro lado de las montañas, y pudieron obtener agua de los diversos manantiales y arroyos que corrían por la montaña hacia el Asopo. Los persas querían que los griegos descendieran de su terreno más alto para atacarlos en la llanura abierta, pero los griegos querían que los persas abandonaran la llanura y los atacaran en las colinas.

Sin embargo, esto no significa que no ocurrió nada durante los primeros ocho días de la batalla. Los persas usaron su caballería para realizar incursiones en la línea griega, con la esperanza de interrumpir sus líneas de suministro, lo que lograron hacer en cierta medida. También interrumpieron el acceso de los griegos a la Fuente Gargaphia, que era su principal fuente de agua. Esto significaba que los griegos necesitaban cambiar su estrategia.

Los investigadores de las guerras médicas debaten sobre la estrategia de Mardonio. Algunos creen que sus esfuerzos fueron un intento de atraer a los griegos a la batalla en las llanuras, mientras que otros creen que su estrategia era lograr que se retiraran. Pero no importa cuáles fueran sus intenciones, los griegos respondieron, aunque tal vez de una manera que Mardonio no esperaba. Decidieron mudarse a una posición más baja en la colina, una que todavía era más alta que el campamento persa, pero que les facilitaba la protección de sus líneas de suministro y acceso al agua.

Este movimiento, que ha sido denominado como una retirada porque los griegos no estaban atacando, sino que intentaban asegurar una mejor posición defensiva, no tenía la intención de provocar peleas, pero lo hizo, principalmente porque los griegos lo arruinaron. El plan era moverse durante la noche, ya que esto les permitiría tomar su nueva posición sin correr el riesgo de un ataque persa mientras se movían. Sin embargo, partes de la fuerza aliada no se movieron antes del amanecer, y los persas vieron sus movimientos casuales como una señal de que su plan había funcionado y que los griegos estaban retrocediendo. Mardonio, buscando un golpe decisivo, eligió perseguir a los griegos, lo que puso en marcha la batalla. Aquí se muestra un boceto de cómo ambos lados se movieron en los días previos a la batalla:

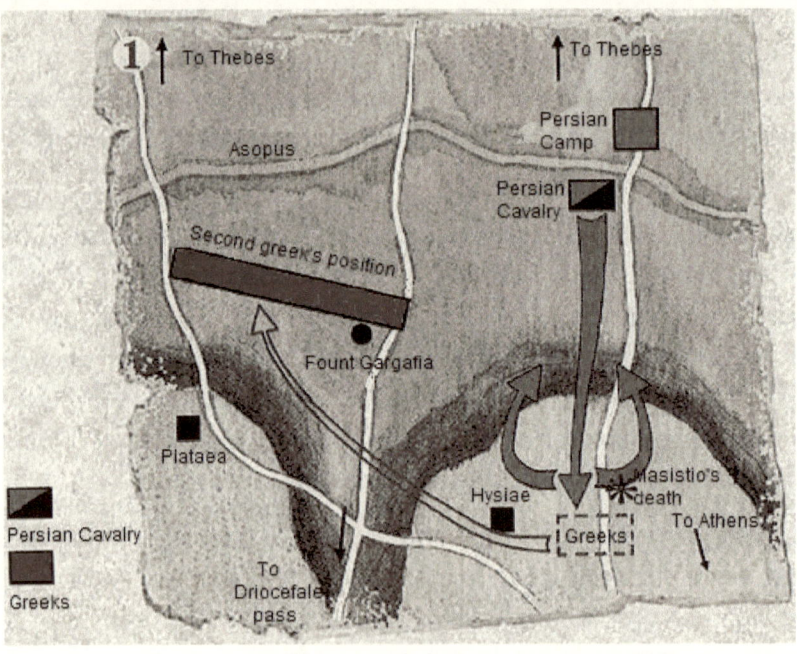

Los persas tenían una fuerza ligeramente mayor, pero esta era su única ventaja. Los aliados, que estaban blindados en bronce y usaban lanzas y espadas largas, estaban mucho mejor equipados que la mayoría del ejército persa que usaba escudos de mimbre y lanzas cortas. Entonces, a medida que los persas avanzaban y mientras los arqueros disparaban flechas sobre su infantería hacia la línea de frente griega, no lograron progresar, y después de un tiempo, los griegos comenzaron a avanzar hacia los persas, haciéndolos retroceder.

Mardonio estuvo presente en la batalla, aunque estaba rodeado por su guardia personal que consistía en alrededor de 1.000 hombres. Sin embargo, a medida que las fuerzas aliadas avanzaban, derrotando a las fuerzas persas, comenzaron a destruir su protección, y un soldado espartano logró matarlo. Los registros de la época indican que fue asesinado por una piedra en la cabeza, que le fue profetizada por un oráculo antes de la guerra, pero los historiadores contemporáneos creen que esto es un mito, ya que es poco probable que un soldado espartano haya usado este tipo de arma.

Con Mardonio muerto, su segundo al mando, Artabazo, tomó el control del ejército persa, que sumaba unos 40.000 hombres, y comenzó a marchar de regreso al norte; su intención era regresar por Dardanelos y llegar a Asia. Se cree que esto pudo haber sido todo lo que quedaba del ejército persa en ese momento. El número de víctimas van desde más de 200.000 (Heródoto) a 50.000, que es el consenso moderno. Esto es comparado con una estimación de bajas griegas de solo 10.000. Como resultado, después de esta batalla, estaba claro que los griegos tenían la ventaja y que continuar atacándolos habría sido inútil, por lo que Artabazo estaba preparado para retirarse y para entregar el territorio recientemente conquistado por Jerjes durante su invasión.

Al final, sin embargo, el número exacto de víctimas no es lo que importa. Lo importante es que los griegos derrotaron a los persas, lo que provocó su retirada. En su camino de regreso a través de Macedonia y Tracia, Artabazo fue sometido a repetidos ataques de los tracios que habían sido subyugados por Jerjes el año anterior. Finalmente llegaron a Bizancio (Constantinopla / Estambul) y cruzaron de nuevo a Asia Menor. Sin embargo, sufrieron aún más pérdidas en su retirada, y el escenario estaba preparado para que los griegos se pusieran a la ofensiva y se libraran de la agresión persa para siempre.

La batalla de Mícala, el asedio de Sesto y el contraataque griego

La victoria griega en la batalla de Platea obligó a los persas a retirarse. El ejército escapaba por Tracia y hacia Asia Menor, y la flota persa, que había sido gravemente dañada en las batallas de Artemisio y Salamina, también intentaba regresar a un lugar seguro en Asia. Los griegos recibieron la noticia de que la flota persa se había estacionado en la isla de Samos, que se encontraba cerca de la costa occidental de Turquía, por lo que zarparon para enfrentarse a los persas en lo que esperaban que fuera la batalla final de la guerra.

Sin embargo, los persas oyeron que venían los griegos, por lo que decidieron abandonar la isla y navegar hacia el continente. Su objetivo era Mícala, un lugar que eligieron porque Jerjes había dejado una fuerza de alrededor de 60.000 hombres allí cuando salió de Grecia para atender a su imperio el año anterior.

La flota aliada, bajo el mando del rey espartano Leotíquidas, navegó hacia Mícala donde tomaron una posición defensiva. Se cree que en aquel momento los persas intentaban evitar la batalla porque sabían que estaban en una posición precaria y no querían arriesgarse a nuevas pérdidas. Entonces, cuando los griegos llegaron a Mícala, los persas no abandonaron su posición, pensando que los aliados no atacarían, especialmente porque eran superados en número gracias a la adición de la fuerza dejada por Jerjes.

Pero los griegos sabían que podían vencer a los persas en una batalla abierta, por lo que Leotíquidas decidió desembarcar a sus marines en la playa de Mícala e igualmente atacar a los persas. La batalla que siguió tuvo lugar a lo largo del mar con el monte Mícala de fondo. Los informes de Heródoto sugieren que la batalla comenzó como un empate, pero que los persas pronto se vieron abrumados y comenzaron a retirarse. Una vez que esto sucedió, los griegos pudieron lanzarse sobre el flanco persa atrapándolos, dirigiendo a su ejército como lo hicieron. El número de víctimas fue inexacto, pero se cree que fue enorme en ambos lados. Sin embargo, la diferencia es que casi todo el ejército persa fue destruido, lo que efectivamente terminó con la invasión persa de Grecia.

Con el ejército y la flota persas derrotados en Mícala, los aliados navegaron hacia Dardanelos para destruir los puentes que Jerjes había construido antes de su invasión, un movimiento que habría ayudado a prevenir un tercer intento persa de conquistar Grecia. Sin embargo, cuando llegaron, descubrieron que alguien ya lo había hecho, lo que sugiere que los griegos jonios, que comenzaron esta guerra lanzando una rebelión generalizada en 499 a. C., se habían vuelto desafiantes hacia el dominio persa.

Después de Dardanelos, los griegos navegaron hacia el este a Sesto, que era una de las ciudades más importantes de esta parte del Imperio persa. Cuando llegaron, rodearon la ciudad y la sitiaron, bloqueando la entrada de toda la comida y la salida de toda comunicación. Esto duró un mes, y cuando se acabó el suministro de alimentos, los persas evacuaron la ciudad a través de la parte menos defendida de las líneas atenienses, lo que permitió a los griegos mudarse a la ciudad y tomar posesión de ella. Los atenienses inmediatamente persiguieron a los persas, los derrotaron y mataron a sus generales restantes, lo que significó que el ejército persa había sido destruido y la invasión había terminado oficialmente.

La flota aliada luego navegó a Chipre y asaltó las guarniciones persas que estaban allí, robando oro y otros suministros que se habían almacenado en la isla. Pero la mayoría de los registros históricos indican que los griegos no intentaron conquistar la isla. Luego, navegaron a Bizancio, que se encontraba en el sitio de la actual Estambul, para asediarlo. A finales del 478 a. C., lograron capturar la ciudad. Esto es significativo porque les dio a los griegos el control sobre Bizancio y Dardanelos, que eran las dos formas más fáciles para que un ejército cruzara Europa desde Asia. Como resultado, la amenaza de futuras invasiones de los persas se había reducido significativamente, lo que marcó un importante punto de inflexión en la guerra.

En este momento, los peloponesios, principalmente los espartanos y corintios, navegaron a casa. Sintieron que el propósito de la guerra, que para ellos había sido detener la invasión persa, se había cumplido, lo que significaba que ya no había necesidad de ofrecer sus tropas y recursos. Sin embargo, los atenienses y muchas otras ciudades-estado griegas no estaban de acuerdo, y pensaban que la única forma de evitar que los persas siguieran atacando a los griegos, especialmente a los que vivían en Asia Menor, era librar una guerra en todo el imperio persa para debilitarlo y disuadir a sus reyes de intentar subyugar a Grecia nuevamente. Esta decisión significó que las guerras médicas no habían terminado, y esta última fase del conflicto tuvo un efecto significativo en el curso de la historia griega.

Conclusión

La victoria griega sobre los persas en esta parte de la guerra fue inesperada. Los persas tenían un ejército mucho más grande, y sus rápidas victorias en Tracia y Macedonia hicieron que pareciera que marcharían rápida y fácilmente a través de Grecia y subyugarían a su gente. Sin embargo, los griegos demostraron tener dos ventajas significativas: el duro terreno de la Grecia continental y sus hoplitas mejor blindados. Esto les permitió infligir grandes pérdidas en las batallas de Artemisio y las Termópilas, a pesar de que estas batallas fueron derrotas tácticas.

Estas ventajas también les permitieron ganar victorias en las batallas de Salamina y Platea, lo que convirtió la guerra decididamente a su favor y puso a los persas a la fuga. La posterior batalla de Mícala y el asedio de Sesto destruyeron lo que quedaba del ejército y la armada persas, y esto terminó con la segunda invasión persa de Grecia.

Los relatos de Heródoto sobre las guerras médicas terminan después del asedio de Sesto, pero la guerra no concluyó con esta victoria griega. De hecho, en muchos sentidos, apenas comenzaba. Usando su nueva supremacía naval, Atenas, que se había convertido en el líder de facto del mundo griego gracias a su papel en la dirección de las fuerzas aliadas, lanzó un contraataque contra los persas diseñado para debilitarlos y finalmente eliminarlos como la superpotencia de Asia occidental. Este movimiento de Atenas puso en marcha la tercera y última fase de la guerra, y finalmente condujo a un acuerdo de paz entre Grecia y Persia. Sin embargo, también cambiaría radicalmente la política griega y crearía otro conflicto, pero esta vez, Atenas se dirigiría a la guerra con Esparta.

La cooperación que existió entre las ciudades-estado griegas durante la invasión persa no tenía precedentes, y les ayudó a defenderse de la mayor amenaza existencial que jamás habían enfrentado. Muchas de las batallas de esta guerra, particularmente la batalla de las Termópilas, se han convertido en algunas de las batallas más importantes de toda la historia humana en gran parte porque permitieron que Grecia, que ha tenido un gran impacto en el desarrollo de la cultura mundial, permaneciera libre e independiente del dominio extranjero. Además, empoderaron a Atenas y lanzaron un período de dominio ateniense que cambiaría dramáticamente la historia de la antigua Grecia y del mundo.

Capítulo 7 - Las Guerras de la Liga de Delos

La serie de victorias griegas después de las batallas de las Termópilas y el Artemisio cambió drásticamente el curso de las guerras médicas. El avance persa hacia Grecia estaba tan bien planeado, y la fuerza persa era tan grande (mucho más que la reunida por los aliados), que una victoria persa parecía casi segura. Sin embargo, un par de golpes de suerte, como la tormenta que destruyó parte de la flota persa antes de la batalla de Artemisio, junto con la posición ventajosa de los ejércitos griegos y la fuerza superior de los hoplitas griegos, ayudaron a las fuerzas aliadas a conducir sus fuerzas enemigas de vuelta a Asia. Esto significaba que para el 479 a. C. la amenaza de conquista que se avecinaba desde que estalló la revuelta jónica en el 499 a. C. finalmente había terminado.

Sin embargo, las guerras médicas no habían terminado, y la siguiente parte de la guerra estaba definida por el avance griego en territorio persa. Los espartanos, que vieron su alianza con los atenienses y el resto de los griegos como necesarios solo para derrotar a los persas y consideraron que la amenaza persa había terminado, sintieron que ya no había necesidad de que la guerra continuara. Pero los atenienses, al ver que su poder militar había crecido y que su influencia sobre el resto del mundo griego se había expandido, decidieron continuar la guerra para avanzar en su propia posición y establecer lo que finalmente se conocería como el Imperio ateniense.

Sin embargo, la mayor parte de esta parte de la guerra se llevó a cabo fuera de Grecia, ya que los atenienses intentaron socavar a los persas en diferentes partes de su imperio. Esta estrategia, aunque tuvo éxito en detener a los persas y establecer el poder ateniense, en realidad condujo a la caída de Atenas, ya que a Esparta, su mayor rival dentro del mundo griego, no le gustaba ver el crecimiento de Atenas. La guerra del Peloponeso, que estalló en 431 a. C., puede verse como una consecuencia directa de los eventos que tuvieron lugar en esta fase final de las guerras médicas, así como los que ocurrieron poco después de que el conflicto terminó en 499 a. C. Como resultado, debe quedar claro que este próximo capítulo de las guerras médicas jugó un papel importante en la determinación del curso de la historia antigua.

La formación de la Liga de Delos

Como se mencionó, después de que los griegos derrotaron a los persas en la batalla de Mícala, los espartanos consideraron que las guerras médicas habían terminado. Sintieron que continuar la guerra con Persia sería inútil y que nunca podrían evitar que los persas intervinieran en los asuntos de las ciudades-estado griegas ubicadas en toda Asia Menor. Como resultado, sugirieron que los griegos jonios que vivían en territorio controlado o amenazado por los persas fueran reubicados en Europa, ya que esta parecía ser la única forma de garantizar que estas personas no fueran sometidas continuamente al dominio persa.

Sin embargo, esta propuesta fue rechazada, en gran parte debido a la conexión que los atenienses sentían hacia los jonios. Muchas de las ciudades-estado griegas en Asia Menor habían sido en algún momento colonias atenienses y abandonarlas en favor de la reubicación habría sido una admisión de la derrota ateniense, y también habría obstaculizado seriamente el poder ateniense en el mundo antiguo. Hemos hablado sobre cómo Ática no era lo suficientemente fértil como para mantener una población mucho más grande que la que estaba allí, lo que significaba que reubicar a personas de Jonia habría limitado seriamente el poder de producción y la riqueza atenienses.

Esta diferencia de opinión llevó a la partida espartana de Asia. Regresaron al Peloponeso, contentos de que la amenaza persa había terminado. Sin embargo, los espartanos estaban relativamente solos. La mayoría de las otras ciudades-estado griegas sentían que, aunque la amenaza de invasión persa había terminado, no estaban totalmente libres de la intervención persa. Entonces, esas ciudades-estado que estaban interesadas en continuar la guerra se reunieron en la isla de Delos para discutir cómo iban a derrotar a su enemigo.

En esta reunión, varios cientos de ciudades-estado acordaron continuar la guerra, y establecieron tres objetivos principales para su alianza: 1) prepararse para otra posible invasión persa (aunque esto era poco probable, todavía había un deseo de prepararse); 2) vengarse de los persas; y 3) dividir el territorio y las riquezas que resultaron de campañas militares exitosas.

Había dos requisitos básicos para unirse a la liga, que los historiadores modernos han llamado la Liga de Delos en referencia a la isla de Delos. El primero fue que cada miembro de la Liga tenía que prometer que tomaría los mismos amigos y enemigos que otros miembros de la Liga. Además, cada miembro tenía que elegir entre ofrecer apoyo militar, que la Liga podría usar como mejor le pareciera, o pagar un impuesto a la Liga, que se usaría para construir su ejército y prepararse para la guerra contra los persas.

La mayoría de las ciudades-estado eligieron pagar el impuesto que podría ayudar a explicar por qué Atenas pudo finalmente obtener tanto control sobre los asuntos de la Liga. En total, se estima que había entre 100 y 300 miembros de la Liga de Delos. Esta gran variación proviene del hecho de que los miembros a menudo desertaban, especialmente después del final de las guerras médicas, en respuesta al creciente dominio de los atenienses.

Sin embargo, cuando se formó la Liga, era considerablemente poderosa y, bajo la dirección de los atenienses, que habían aprendido mucho sobre cómo vencer a los persas durante los primeros veinte años de las guerras médicas, los griegos estaban en una buena posición para contraatacar a los persas y poder limitar significativamente su poder e influencia en todo el oeste de Asia.

La Liga de Delos asegura el mar Egeo y avanza hacia Asia Menor

La Liga de Delos se formó después de la caída de Bizancio y los espartanos se habían ido a casa. La amenaza de una invasión persa había terminado, pero la mayoría de los miembros de la Liga de Delos no consideraban que la guerra hubiera terminado, y pensaron que la única forma de evitar que los persas continuaran intentando ejercer su influencia en Grecia era irse a la ofensiva.

Sin embargo, en lugar de avanzar en territorio controlado por los persas en Asia Menor, la Liga de Delos decidió volver a Tracia para tomar el control de Eyón, una de las ciudades-estado de la región que no había vuelto a caer en el control griego después de Jerjes y sus ejércitos se retiraron a Asia. No está claro exactamente cuándo tuvo lugar este ataque, pero se cree que comenzó en el otoño de 477 o 476 a. C. y duró hasta el verano siguiente, alrededor de 476 o 475 a. C.

Eyón fue una de las ciudades-estado más poderosas de la región, en gran parte porque estaba cerca de minas de plata y grandes bosques, lo que habría proporcionado a la ciudad una fuente abundante de mineral y madera. Como resultado, cuando la ciudad finalmente cayó ante las fuerzas de la Liga de Delos la mayoría de las ciudades costeras restantes que los persas aún pedían rendirse ante griegos, una vez más les dieron el control total sobre Tracia.

Las fuerzas de la Liga de Delos, que en este punto eran casi exclusivamente atenienses, fueron dirigidas por un hombre llamado

Cimón. Era el hijo de Milcíades, el general que ganó la victoria en la batalla de Maratón, y el mismo que había luchado en la batalla de Salamina. De hecho, aparentemente se había desempeñado tan bien en esa batalla que luego se convirtió en almirante. Cuando se formó la Liga de Delos, fue puesto a cargo de su flota, y él fue quien planeó y ejecutó gran parte de los movimientos de la Liga en las siguientes décadas.

Después de su victoria en Eyón, Cimón llevó a sus fuerzas a Esciros, que logró conquistar ese mismo año. Luego, por razones que actualmente no conocemos debido a la falta de fuentes confiables, Cimón detuvo su avance. La victoria en Esciros y Eyón expulsó a los persas restantes del mar Egeo, lo que habría hecho que los atenienses y sus aliados estuvieran razonablemente cómodos sabiendo que estaban a salvo de cualquier ataque persa adicional. Era muy posible que los atenienses aprovecharan esta oportunidad para reconstruir su flota que, aunque estaban en una racha ganadora, se encontraba casi vacía.

La lucha se reanudó en 465 a. C. cuando Cimón y su flota navegaron hacia Tasos. Es aquí donde la historia de las guerras médicas y la del Imperio ateniense se entremezclaron porque no había fuerzas persas en Tasos. En cambio, los atenienses, actuando bajo la autoridad de la Liga de Delos, la invadieron para sofocar una rebelión que comenzó después de haber construido una colonia cerca de una mina de oro que Tasos había controlado y de la cual dependía para obtener ingresos.

Curiosamente, Tasos era en realidad un miembro de la Liga de Dalos, y en lugar de simplemente entregar esta valiosa mina a Atenas, decidieron luchar. Esto resultó en un asedio de la ciudad que duró dos años y terminó con la entrega de Tasos a Atenas. Este incidente es uno al que Atenas respondió con fuerza cuando uno de los miembros de la Liga de Delos habló en contra de ellos, ofreciendo evidencia de que los atenienses estaban interesados en usar su posición dentro de la Liga para expandir su propio poder e influencia. Además, se cree que Esparta ofreció ayuda a Tasos, lo que ayudó a alimentar el conflicto que se estaba gestando entre estas dos poderosas ciudades-estado.

Al mismo tiempo, los atenienses que estaban asediando a Tasos, también estaban atacando a los persas en la península de Quersoneso, que es la masa de tierra que formaba el borde norte de Dardanelos. En los tiempos modernos, esta península se conoce como la península de Galípoli.

Al parecer, Cimón solo tenía una fuerza de tres trirremes, pero los persas solo tenían doce, y los atenienses pudieron expulsar a los persas de la península, devolviendo Quersoneso a los griegos y proporcionando a Cimón un punto de partida para su invasión en Asia Menor. Sin embargo, en este punto, se hace difícil entender las ambiciones de Cimón y los atenienses. La Liga de Delos se había formado para actuar contra los persas, pero parecían igualmente interesados en lograr que las ciudades-estado griegas de Asia Menor se sometieran a ellos.

Tres de las principales ciudades de Asia Menor, las ciudades-estado insulares de Samos, Quíos y Lesbos, fueron miembros de la alianza original contra Persia, y también se cree que fueron miembros inaugurales de la Liga de Delos. Sin embargo, las otras ciudades griegas en Asia Menor no se unieron de inmediato, y varias de ellas incluso se negaron, probablemente porque pudieron ver que los atenienses estaban usando la Liga para su propio beneficio. El mejor ejemplo de esto es cuando Cimón navegó a Cnido con 200 trirremes. Se cree que hizo esto para enfrentarse al ejército persa, pero cuando los líderes de Cnido se negaron a permitir que los atenienses entraran a su ciudad, Cimón atacó las tierras circundantes, lo que los obligó a someterse a la Liga y contribuir con sus fuerzas. Cuando esto sucedió, la gente de Fasélide también acordó unirse a la Liga.

Sin embargo, a pesar de los esfuerzos de Cimón por someter a otros griegos a la Liga, aún tenía intenciones de luchar contra los persas, y el altercado más famoso e importante tuvo lugar en el río Eurimedonte, en la costa sur de la Turquía moderna. Los persas habían acumulado una fuerza bastante grande cerca del río, y la creencia era que estaban planeando otra invasión de Grecia, o al menos de los territorios griegos en Asia Menor. Entonces, Cimón navegó para reunirse con ellos, subyugando a Nidos primero. La mayoría de las fuentes indican que el primer objetivo de los persas fue Fasélide, pero Cimón llegó primero, y su llegada al río Eurimedonte en 466 a. C. efectivamente pudo evitar el avance persa en Asia Menor.

Ambas partes tenían una fuerza que era aproximadamente del mismo tamaño, unas 200 naves, pero las maniobras de Cimón lo ayudaron a obtener una victoria decisiva. Primero, navegó hacia la desembocadura del río y derrotó a la desprevenida flota persa. Luego desembarcó sus naves en las costas, y los griegos invadieron el ejército persa, destruyéndolo en el proceso. Esta rotunda victoria resultó ser un punto de inflexión en la guerra, ya que los persas nunca más pudieron reunir un ejército lo suficientemente grande como para amenazar con una invasión de Grecia. Esto significaba que Cimón podía comenzar a atacar a los persas en otras partes de su imperio, y su primer objetivo era Egipto.

Para ayudar a comprender los movimientos de Cimón en los trece años después de la captura de Bizancio y la partida de los espartanos, considere el siguiente mapa. Esciros está en rojo, Eyón está en azul, Tasos está en púrpura, Cnido está en amarillo, la península de Quersoneso está marcada con una estrella, Fasélide está en verde y el lugar de la batalla de Eurimedonte está marcado con una "X" negra.

A continuación, puede encontrar un mapa con Esciros y Eyón indicados por un punto verde y rojo respectivamente.

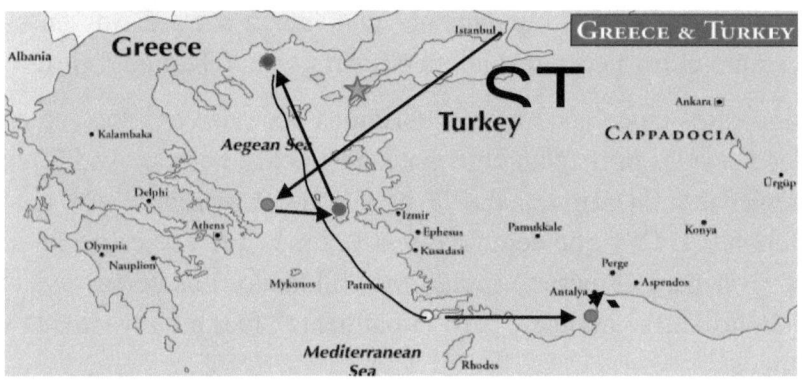

La campaña egipcia

Si los griegos se sintieran seguros contra la amenaza de una invasión persa después de haber capturado Bizancio en 478 a. C., entonces se habrían sentido aún más seguros después de su victoria sobre el ejército persa en la batalla de Eurimedonte en 466 a. C. Esto se debe a que los persas en este momento no tenían un ejército lo suficientemente grande y lo suficientemente cerca de Asia Menor para conquistar Grecia, y aquellos que estaban estacionados en todo el imperio estaban simplemente demasiado lejos o demasiado ocupados lidiando con otras campañas para poder enfocarse en los griegos.

Esta libertad permitió a los griegos continuar su ofensiva y seguir castigando a los persas y debilitar su imperio. El objetivo más lógico para que ellos hicieran esto era Egipto, que era conocido por sus frecuentes rebeliones al dominio persa que comenzaron casi inmediatamente después de que el rey persa Cambises lo conquistara a finales del siglo VI a. C.

Entonces, en 461 a. C., cuando estalló otra revuelta en Egipto, la Liga de Delos vio esto como una gran oportunidad para golpear a los persas en uno de sus puntos más débiles. La flota de la Liga había estado haciendo campaña en Chipre en ese momento, posiblemente porque sabían que la revuelta egipcia habría distraído a los persas de la isla, por lo que cuando los egipcios pidieron ayuda a la Liga de

Delos, pudieron enviar rápidamente una fuerza a ayudarlos en su lucha contra el rey persa, que ahora era Artajerjes I, hijo de Jerjes.

Los siguientes cinco años fueron definidos por una combinación de batallas peleadas principalmente por los egipcios, pero apoyadas por los atenienses. La primera fue la batalla de Pampremis, que tuvo lugar en 460 a. C. y que demostró una vez más que el ejército persa no era rival para el ejército griego más blindado. Los persas tenían un ejército más grande, pero finalmente fueron invadidos y derrotados.

Esta victoria puso a los rebeldes egipcios y sus partidarios atenienses en una buena posición para atacar la capital egipcia de Memphis. Sin embargo, este intento tomó mucho más tiempo que la batalla de Pampremis. De hecho, se cree que la captura de Memphis, también conocida como el asedio de Memphis, tomó un total de cuatro años, del 459 al 455 a. C. Sin embargo, parte de la razón por la que tardó tanto tiempo fue porque los egipcios carecían de las fuerzas para saquear la ciudad y también porque los persas demoraron en enviar un ejército capaz de derrotar a la alianza egipcia / ateniense.

Había dos razones para la demora persa. Primero, las satrapías persas habían agotado su mano de obra después de las invasiones de Grecia, y segundo, los ejércitos que los persas levantaron estaban relativamente sin entrenamiento. Como resultado, se cree que Artajerjes reunió a sus hombres y los envió a Chipre para entrenar para el ataque a Egipto. Sin embargo, todavía no se comprende completamente por qué este proceso llevó cuatro años. Es posible que Artajerjes se retrasara simplemente porque no quería una guerra en Egipto. La evidencia de esto fue su decisión de mandar a un enviado a Esparta para intentar sobornarlos para atacar Ática, la región en la que se encuentra Atenas, ya que esto habría obligado a los atenienses a regresar a sus hogares y abandonar a los egipcios. Sin embargo, esto no funcionó, así que el asedio continuó. Cuando el ejército persa finalmente llegó a Memphis, pudieron obtener rápidamente una victoria decisiva que envió a los egipcios y atenienses a la fuga. Se retiraron a la isla de Prosopitis, que se encuentra en el delta del río Nilo. Obviamente, esto no era ideal, y el general persa en ese momento, Megabizo, pudo rodear la isla con sus tropas. En total, se estableció en la ciudad durante dieciocho meses. Según Tucídides, quien en este momento había comenzado a escribir su relato de la guerra del Peloponeso, que comenzaba a agitarse como resultado del dominio de Atenas sobre la Liga de Delos, los persas cavaron canales en el Nilo para drenar el agua alrededor de la isla de Prosopitis que luego permitió a sus ejércitos cruzar a la ciudad y realizar un ataque completo.

Cuando esto sucedió, en 455 a. C., los egipcios dentro de la ciudad se rindieron, pero los persas permitieron que los atenienses se fueran pacíficamente, probablemente porque la historia les había enseñado que la lucha contra los ejércitos griegos generalmente no terminaba bien. Los atenienses habrían agradecido esta oportunidad de escapar, ya que Atenas estaba en desorden. Habían estado luchando en varios conflictos con otras ciudades-estado griegas, lo que equivalía a una cuasi guerra con Esparta, y esto requería toda la atención de la flota griega.

Como resultado, los atenienses regresaron y salieron de Egipto. Habían sido derrotados, pero esta derrota no fue nada en comparación con las victorias que los griegos habían obtenido sobre los persas en las décadas anteriores. De hecho, en este punto, el conflicto entre los griegos y los persas comenzaba a llegar a su fin. Solo habría una campaña más en la guerra antes de que finalmente se negociara la paz entre las dos partes. A continuación, puede encontrar un mapa de la campaña ateniense en Egipto. Memphis está marcado con una estrella, Pampremis con un punto amarillo y Prosopitis con un punto azul.

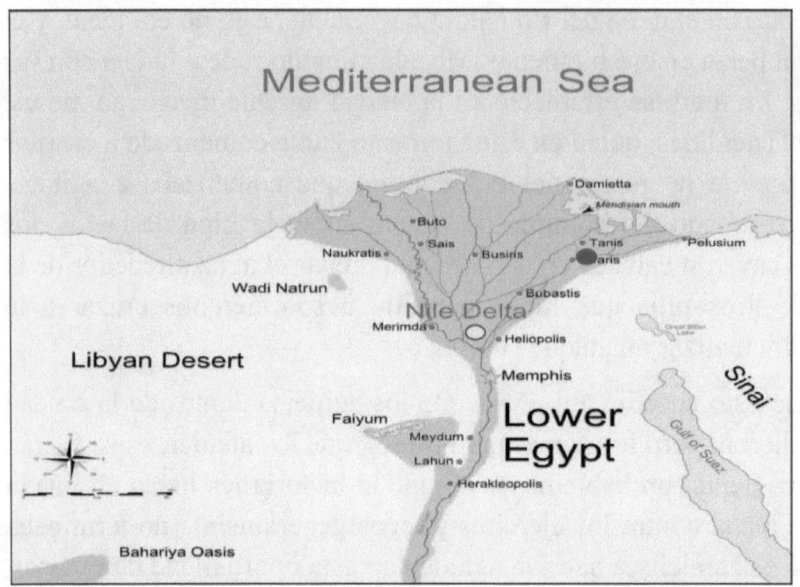

El ataque de Chipre

La lucha entre los griegos y los persas se detuvo después de que la revuelta egipcia había terminado. Atenas tuvo que dirigir su atención a asuntos más locales, específicamente a los espartanos cada vez más entrometidos. Sin embargo, en el año 451 a. C., Atenas y Esparta firmaron una tregua entre sí que permitió a Atenas una vez más preocuparse por la expansión imperial.

Su objetivo era Chipre, que siempre habían codiciado, pero nunca conquistado. Como se mencionó anteriormente, los atenienses navegaron a Chipre cuando perseguían a los persas que huían después del fracaso de la invasión de Jerjes. Pero no desembarcaron en la isla ni intentaron conquistarla por razones que siguen siendo un misterio hasta el día de hoy. Sin embargo, con las tensiones en Grecia establecidas y los persas centrados en otras partes de su imperio, este parecía ser el momento perfecto para avanzar en Chipre e intentar ponerlo bajo la influencia de la Liga de Delos, que en este momento estaba actuando como un Imperio ateniense de facto.

El primer objetivo para los atenienses fue la ciudad de Citio en Chipre, que comenzaron a asediar en 451 a. C. Sin embargo, Cimón, que había regresado como el líder de la flota ateniense después de haber sido exiliado por sufrir una humillante derrota en su esfuerzo por ayudar a los espartanos a lidiar con una revuelta ilícita, murió durante el ataque. Pero los atenienses también carecían de los suministros que necesitaban para tomar la ciudad, por lo que se retiraron a Salamina-en-Chipre, una ciudad en Chipre que lleva el nombre de la isla griega en la que ya se había librado una batalla decisiva.

Fueron atacados poco después y lograron obtener una victoria sobre la flota combinada fenicia y chipriota. Pero estaba claro que los atenienses no tenían la fuerza necesaria para tomar la isla, por lo que el resto de la flota ateniense abandonó Chipre y regresó a Atenas. Este fracaso indicó a los griegos que probablemente habían perdido su ventaja sobre los persas, y con el aumento de las hostilidades en el continente, el apetito por la paz con los persas comenzó a crecer.

La paz de Calias

El final de las guerras médicas está envuelto en misterio. Algunos historiadores creen que nunca hubo un tratado de paz formal, mientras que otros creen que hubo una conferencia oficial y un documento que marcó el final de este conflicto de medio siglo. Incluso hay una pequeña minoría de historiadores que creen que hubo un tratado de paz firmado después de la batalla de Eurimedonte, aunque esta teoría carece de evidencia y es rechazada por la mayoría de la comunidad académica interesada en la antigua Grecia y las guerras médicas.

Otras teorías, que se basan en los escritos de Heródoto y Plutarco, sugieren que se mandó un enviado a Susa, la capital persa, después de la batalla de Eurimedonte, y que cuando este fue rechazado, los atenienses decidieron apoyar la rebelión egipcia para precisar venganza de los persas.

Sin embargo, no importa qué teoría sea la correcta, casi todos los historiadores coinciden en que después de la invasión fallida de Chipre no hubo más batallas directas entre la Liga de Delos y Persia, aunque algunos creen que la razón por la que los atenienses se retiraron de Chipre tan rápido fue porque consiguieron pruebas de que se había firmado un tratado de paz entre los líderes griegos y persas. Entonces, dependiendo de la teoría que acepte, las guerras médicas terminaron en 461 AEC, 451 AEC, 450 AEC o 459 AEC, siendo la primera fecha en esta lista la menos probable.

Sin embargo, si bien los historiadores realmente no parecen estar de acuerdo sobre cuándo o cómo llegó a su fin la guerra, existe un consenso sobre los términos de la paz que se negociaron entre las dos partes. Esencialmente, todas las ciudades griegas en Asia quedaron libres para vivir según sus propias leyes. Se les impidió a los sátrapas persas realizar un viaje de un día a caballo o tres días a pie del mar Egeo, y no se permitió a los barcos persas navegar al oeste de Fasélide, que se encuentra en la costa sur de Asia Menor. A cambio, los atenienses no enviarían sus ejércitos a tierras controladas por los persas. En este sentido, los griegos pueden ser vistos como los vencedores de las guerras médicas, aunque su principal ganancia fue en seguridad, no en territorio.

Conclusión

En comparación con los primeros capítulos de las guerras médicas, esta fase final, también conocida como la guerra de la Liga de Delos, es mucho menos emocionante. No hubo posiciones finales ni victorias sorprendentes. En cambio, los griegos, aliados como la Liga de Delos y bajo el liderazgo de Atenas, lograron expulsar a los persas de Europa de una vez por todas, y también lograron desestabilizar ligeramente su poder en Egipto.

La mayor victoria de esta parte de la guerra, la batalla de Eurimedonte, terminó efectivamente con la amenaza de la invasión persa y atenuó la agresión en ambos lados. De hecho, es fácil ver que después de esta victoria, Atenas estaba más interesada en expandir su propia influencia y poder que en aplastar a los persas, y solo se involucró con Persia cuando vio una oportunidad para debilitarla.

Es importante el hecho de que los griegos siguieron librando la guerra después de que llevaron a Jerjes de regreso a Asia. Para el año 465 a. C., los persas demostraron que estaban interesados en renovar sus campañas europeas mediante la acumulación de ejércitos en toda Asia Menor, y la capacidad de los atenienses para hacerlos retroceder los mantuvo a salvo de nuevas invasiones y ayudó a Atenas a construir un imperio que duraría hasta que sus enfrentamientos con Esparta finalmente cayeran en cascada en la guerra del Peloponeso. En general, estos últimos quince años de guerra fueron menos agitados que los primeros treinta, pero esto no significa que hayan sido menos significativos, especialmente porque los eventos que tuvieron lugar durante este tiempo ayudaron a cerrar uno de los conflictos más importantes en toda la historia humana.

Capítulo 8 - Las secuelas de la guerra

Aunque las guerras médicas terminaron oficialmente en 449 a. C., continuaron impactando en el mundo antiguo durante algún tiempo. Por un lado, el conflicto reformuló dramáticamente la situación política en el mundo griego. Atenas se había vuelto considerablemente más poderosa, y Esparta, que buscaba su propia autonomía por encima de todo lo demás, vio esto como una amenaza para su existencia. Esta batalla por la supremacía eventualmente condujo al estallido de la guerra del Peloponeso, que duró unos treinta años y finalmente condujo a la caída de Atenas.

Para los persas, su derrota ante los griegos marcó el comienzo del fin de su poder en la región. Nunca volverían a invadir Grecia, pero su influencia en la región no se detuvo. Sin embargo, los persas continuaron siendo el imperio más importante en todo el mundo antiguo hasta 330 a. C., cuando Alejandro III de Macedonia, también conocido como Alejandro Magno, conquistó toda Grecia, Egipto, Mesopotamia y el resto del Imperio persa. Pero la mayor parte del enfoque de los persas después del final de las guerras médicas fue mantener y consolidar el poder en el resto de su imperio, algo que apenas podrían lograr por el resto de su tiempo como hegemón de la región.

Grecia después de la guerra

Después de la paz en Calias en el 449 a. C., habría tenido sentido que la Liga de Delos dirigida por los atenienses se disolviera. Después de todo, se había formado para castigar a los persas por su invasión y para proteger al mundo griego de futuras amenazas persas. Sin embargo, los atenienses, que usaron la Liga para construir su propio poder y formar un imperio, no querían que la Liga se disolviera, por lo que continuaron pidiendo impuestos o tropas.

Muchas ciudades-estado aceptaron esta solicitud, muy probablemente porque habrían visto la protección ateniense como un gran activo, especialmente porque los persas aún se alzaban en la distancia y podían interrumpir fácilmente la paz, más específicamente en las islas en todo el Egeo. Sin embargo, muchas ciudades-estado optaron por rebelarse desde Atenas. Una de las más prominentes fue la ciudad-estado isleña de Samos, y Esparta estaba dispuesta a intervenir en estos conflictos, aunque a menudo eran detenidos por ciudades-estado por temor a la expansión del poder espartano, como Corinto, que formó una parte importante de la Liga del Peloponeso, que era una fuente importante de poder espartano en ese momento.

Esparta y Atenas participaron en varias cuasi guerras en las décadas posteriores a las guerras médicas. Un buen ejemplo es el conflicto entre Corinto y Córcira, que había sido una colonia corintia. Córcira se separó de Corinto, y recibieron el apoyo de Atenas. Corinto luego pidió apoyo a Esparta, y esto colocó a Atenas y Esparta el uno contra el otro.

Las dos ciudades firmaron un tratado de paz en 446 a. C., y se suponía que duraría treinta años. Sin embargo, duró solo la mitad. Los persas, que todavía buscaban socavar a los griegos, especialmente los atenienses, a menudo apoyaron las rebeliones que surgieron en toda Grecia. También formaron alianzas tanto con Esparta como con Atenas, con la esperanza de poder dividir el mundo griego, algo que haría a los griegos menos poderosos y menos capaces de librar una guerra contra los persas.

Finalmente, estalló una gran guerra entre Atenas y Esparta, y desde 431 a. C. hasta 404 a. C., lucharon constantemente. Esparta finalmente salió ganador, y esto condujo a un período de dominio espartano en el mundo griego. Los espartanos intentaron invadir Persia, pero fueron derrotados. Además, los persas fueron utilizados como intermediarios para negociar la paz, lo que demuestra que, aunque los griegos habían ganado las guerras médicas, los persas todavía eran capaces de y seguían interesados en intervenir en los asuntos entre las ciudades-estado griegas. Esta fue una forma inteligente de asegurar el borde occidental de su imperio, y ayudó a mantener a Asia Menor en gran medida bajo control persa hasta que el Imperio persa cayera ante Alejandro Magno.

Los persas después de la guerra

Como se mencionó, los persas después de la guerra ya no estaban interesados en tratar de invadir Grecia, pero esto no significa que no estuvieran interesados en entrometerse en los asuntos griegos y trabajar para limitar el poder griego. Lo hicieron principalmente sobornando a políticos griegos para provocar disturbios en Grecia y también apoyando varias rebeliones contra Atenas, principalmente en la revuelta que tuvo lugar en Samos en 440 a. C.

En el momento de la firma de la paz de Calias, Artajerjes I era el rey de Persia. Se hizo cargo después de su padre, Jerjes, en 465 a. C. y logró reprimir muchas de las revueltas apoyadas por los atenienses que estallaron en Egipto. Los últimos 25 años de su reinado después de hacer las paces con Grecia fueron relativamente tranquilos. El imperio era seguro y había poca disensión.

Sin embargo, cuando murió en 424 a. C., las cosas cambiaron dramáticamente. Artajerjes solo tuvo un hijo legítimo, Jerjes II, que fue asesinado pocos días después de ser nombrado rey por su medio hermano, quien rápidamente se nombró rey usando el nombre de Darío II. Sin embargo, esta afirmación fue impugnada, y gran parte del tiempo que Darío II pasó como rey se dedicó a sofocar rebeliones que habían estallado en todo el imperio en respuesta a su ascensión al trono.

Su muerte se produjo solo doce años después, en 412 a. C., y Artajerjes II tomó el trono. Él también tuvo que lidiar con rebeliones generalizadas, y lo más significativo de su época como rey fue que Egipto obtuvo su independencia y Persia, incapaz de subyugarla, se vio obligada a aceptar su autonomía. Artajerjes II también tuvo que lidiar con una amenaza de los espartanos. Después de derrotar a los atenienses en la guerra del Peloponeso, los espartanos atravesaban un período de expansión sin precedentes y tenían la vista puesta en Asia Menor y el resto del Imperio persa. Pero Artajerjes II negoció hábilmente con los atenienses para provocar conflictos en el continente griego, distrayendo a los espartanos y evitando que les invadieran. El tratado que resultó de este conflicto obligó a los persas a aceptar las ciudades-estado griegas como libres e independientes, una medida que creó el caos en el mundo político griego, pero que efectivamente terminó con todos los conflictos entre los griegos y persas.

Después de Artajerjes II vino Artajerjes III, quien intentó, sin éxito, reconquistar muchas de las partes del Imperio persa que se habían perdido por la conquista o la rebelión. Se las arregló para hacerlo en Asia Menor, pero las rebeliones en todo el resto del imperio, y eventualmente de nuevo en Asia Menor, lo distrajeron y murió en 338 a. C. a la cabeza de un imperio lleno de disturbios. En los siguientes ocho años, tres reyes más gobernaron el imperio persa, siendo el último Artajerjes V, quien fue capturado en la ciudad de Bactria, juzgado y ejecutado por Alejandro Magno, quien estaba en medio de una de los las mejores campañas de conquista de todos los tiempos. Con este evento, el Imperio persa finalmente había caído.

Conclusión

A principios del siglo V a. C., Persia era, por mucho, la cultura más poderosa e influyente en todo el oeste de Asia. Su influencia se expandió al norte de África y al sureste de Europa. Sin embargo, su derrota en las guerras médicas desafió su poder en la región, dando a los griegos la oportunidad de ejercer más influencia en las diversas civilizaciones antiguas que los rodeaban.

Sin embargo, como era el caso antes de las guerras médicas, los griegos no sabían cómo llevarse bien los unos con los otros. Cada ciudad-estado vio el surgimiento de otro como una amenaza a su libertad e independencia, y esto causó frecuentes combates internos, lo que resultó en que los persas recuperaran gran parte del poder que habían perdido durante la guerra.

Pero no se debe subestimar el impacto que tuvieron las guerras médicas en la historia de ambas culturas. Para los griegos, la guerra fue un período de cooperación y colaboración sin precedentes, y prepararon el escenario para acuerdos similares que vendrían más adelante en la historia. Además, proporcionaron a los griegos un evento histórico común en torno al cual podrían comenzar a construir una identidad griega unificada. Al igual que la Revolución Americana ha ayudado a dar forma a la nación de los Estados Unidos hoy, las guerras médicas sembraron las semillas para la unificación de un pueblo que había pasado la mayor parte de la antigüedad luchando entre ellos.

Para los persas, su pérdida ante los griegos en muchos sentidos representó el comienzo del fin de la dinastía aqueménide. En solo unos pocos siglos, llegaron a la cima del mundo antiguo, pero la victoria griega demostró que los grandes ejércitos persas podían ser derrotados. Además, la pérdida para los griegos representó la última vez que los persas hicieron un intento genuino de expandir su imperio. Durante el siglo después de la guerra, los persas se preocuparon principalmente por consolidar sus territorios ya conquistados y calmar la inestabilidad que surgió de la disputada sucesión de reyes. Es cierto que las guerras médicas fueron solo una parte de una historia mucho más grande, pero al observar el impacto directo de estos conflictos, es fácil ver por qué tuvieron un impacto tan grande en la historia del mundo antiguo.

Capítulo 9– El ejército griego

Al estudiar la historia militar, hay dos cosas a las que debemos prestar mucha atención: 1) estrategia y táctica y 2) la fuerza de cada lado. Hasta este momento, hemos analizado principalmente la estrategia y las tácticas. Los griegos, que sabían desde el principio que los superaban en número, tomaron repetidamente posiciones defensivas que eran difíciles de atacar. El duro terreno en Grecia continental y también en las islas dispersas por todo el Egeo hizo que la invasión fuera bastante difícil, y la mayor parte de su estrategia fue tratar de usar esto para nivelar el campo de juego y reducir la amenaza que representa el gigantesco ejército persa.

Sin embargo, este enfoque en la estrategia y las tácticas no debe significar que uno debe ignorar la superioridad del ejército griego. Hasta su invasión de Grecia, los persas rara vez habían sido golpeados. Bajo Ciro el Grande, Cambises, Darío I y Jerjes, lograron expandir su imperio para incluir Egipto, Asia Menor, Siria, Mesopotamia, y también la mayoría de las naciones modernas de Afganistán, Turkmenistán, Tayikistán y Azerbaiyán. De hecho, el ejército persa incluso estableció contacto con culturas tan lejanas como la India.

Entonces, ¿por qué los griegos, quienes contaban con un número mucho menor y eran mucho menos organizados, no solo podían detener a los persas, sino también derrotarlos en innumerables otras partes del Imperio persa? Parte de esto era estrategia, pero otra parte importante era la superioridad de los hoplitas griegos, que es el término utilizado para describir las unidades de élite del ejército griego. Los hoplitas demostraron ser mucho más fuertes que cualquiera de las unidades persas, y fueron aún más difíciles de derrotar una vez que los griegos dominaron la formación de falange, la que describiremos en mayor detalle en breve.

En general, la lección que aprender aquí es que los números no cuentan toda la historia. El ejército persa era mucho más grande, pero al mirar este conflicto a través de la lente que nos brinda el tiempo, está claro que la mayoría del ejército persa no tenía ninguna posibilidad contra los soldados griegos en posiciones bien fortificadas.

La infantería griega

El ejército griego se dividió en dos grupos principales: ligeros y pesados. La infantería ligera estaba compuesta por hombres con armadura de cuero, y su arma principal era una espada o una pequeña lanza. Eran considerablemente menos importantes que los hoplitas, y la función principal de la infantería ligera era escaramuzar con las fuerzas ligeras de la oposición y luego proteger el flanco de los hoplitas durante la batalla. Los arqueros se incluían con frecuencia como parte de la infantería ligera, y su trabajo consistía en bombardear al enemigo con flechas tanto antes como durante el ataque, sirviendo efectivamente como una fuerza de artillería primitiva.

Los hoplitas, por otro lado, estaban fuertemente blindados. Cada hoplita era responsable de proporcionar su propio equipo, razón por la cual la mayor parte del ejército griego estaba formado por ciudadanos de clase media. Esto también significaba que había una amplia variación entre los diferentes estilos de armadura. Sin embargo, los hoplitas que se originan en la misma región o ciudad a menudo tendrían una armadura que fue diseñada de manera similar.

La armadura, que generalmente consistía en un casco, una coraza y un escudo, estaba hecha de bronce, que era uno de los metales más resistentes disponibles en el mundo antiguo. La herrería todavía estaba en sus etapas primitivas en este momento, sin embargo, el uso generalizado de la armadura de bronce sugiere que los griegos eran trabajadores metalúrgicos relativamente avanzados en este punto de la historia.

Los hoplitas llevaban lanzas largas que tenían una punta de bronce. También portaban pequeñas espadas que usaban cuando sus oponentes se acercaban demasiado y necesitaban pelear a una distancia menor. Los hoplitas generalmente iban acompañados de infantería ligera que los ayudaba con sus equipos y también servía como guardia de los hoplitas.

Sin embargo, la mayoría de los hoplitas no eran soldados profesionales. En cambio, eran ciudadanos comunes que tenían otros trabajos en la sociedad. Pero era un deber de un ciudadano griego para con su polis (ciudad), servir en el ejército cuando se le solicitaba, razón por la cual tanta gente habría sufrido los gastos de tener armaduras y armas hechas para ellos.

Sin embargo, algunas ciudades tenían un ejército profesional. Atenas, Argos y Tebas, por ejemplo, tenían, en un momento u otro, una fuerza profesional de hoplitas. Pero este no siempre fue el caso. La guerra frecuente en el mundo griego ejerció una presión considerable sobre la población, y mantener un ejército grande y profesional simplemente no era factible la mayor parte del tiempo.

Los espartanos

Una ciudad-estado griega particularmente famosa, Esparta, logró formar un ejército profesional de manera consistente. Esto se debe en parte a que los espartanos tenían estrictas definiciones de ciudadanía. Específicamente, solo aquellos que podían rastrear su ascendencia hasta los habitantes originales de Esparta podían llamarse ciudadanos espartanos.

Casi todos los demás en territorio controlado por los espartanos eran ilotas. Los espartanos convirtieron a muchas de las personas que conquistaron en ilotas, que eran trabajadores semi-libres que trabajaban la mayor parte de la tierra en el Peloponeso. Eran libres en el sentido de que no eran propiedad de nadie, ya que uno poseía un esclavo, pero sus libertades estaban limitadas significativamente, ya que se les exigía que entregaran una gran parte de su producción a los ciudadanos espartanos. Además, se esperaba que sirvieran en el ejército espartano cuando se les llamara, generalmente como infantería ligera o sirvientes de los hoplitas espartanos. Esto significaba que la mayor parte del trabajo que había que hacer para apoyar a Esparta y su gente no lo hacía la clase alta espartana, dejándolos libres para entrenarse para ser soldados.

Pero para la mayoría de los espartanos, convertirse en un soldado profesional no era una opción. Todos los varones, excepto el primogénito de una familia, eran enviados a una escuela de entrenamiento especial diseñada para convertir a los jóvenes espartanos en soldados de élite. Esta escuela, conocida como el agogé, se centró en cosas como la lealtad, la responsabilidad hacia los demás y el deber, que eran considerados como fundamentales para el éxito del ejército espartano en gran medida debido a su dependencia de la formación de falanges, que mencionamos a continuación.

La superioridad de la fuerza espartana desempeñó un papel importante en las guerras médicas. Jugaron un papel importante en la batalla de las Termópilas. Aunque técnicamente fueron derrotados, infligieron grandes pérdidas al ejército persa e impidieron que los persas avanzaran por mucho más tiempo del que deberían haber podido, dado que fueron superados en número. Además, los espartanos fueron parte integral de la victoria griega en la batalla de Platea.

Sin embargo, este papel central del ejército espartano en las guerras médicas fue en realidad una de las principales fuentes de conflicto entre las muchas ciudades-estado griegas que formaron parte de la alianza formada para enfrentar a los persas. Los espartanos sintieron que su superioridad militar les daba derecho a ser los líderes de la alianza, mientras que los atenienses, que durante mucho tiempo habían sido la principal fuerza política en el mundo griego, sentían que debían tener el control. Esta disputa eventualmente hizo que los espartanos se retiraran de la alianza después de que Bizancio fuera capturado en 478 a. C. Esto abrió la puerta para que los atenienses expandieran su poder por toda Europa y Asia, y es esta expansión la que los espartanos vieron como una amenaza que eventualmente llevó al estallido de la guerra del Peloponeso y la caída de Atenas.

La falange

El ejército griego estaba mejor equipado que los persas, pero también fue la forma en que utilizaron su ejército lo que les permitió finalmente salir victoriosos. Más específicamente, el uso griego de la formación de falange les permitió usar sus tropas para crear un blindado eficiente para fortalecer sus posiciones defensivas e infligir grandes daños al ejército persa.

La falange es esencialmente un conjunto apretado de hoplitas. Por lo general, tenía ocho o diez filas de profundidad y, dependiendo de la cantidad de hoplitas disponibles, podía extenderse hasta un cuarto de milla de ancho, aunque probablemente por lo general era mucho más pequeño.

En general, el objetivo principal de la falange era crear un bloque de soldados fuerte e impenetrable. Cada hoplita estaría lo más cerca posible el uno del otro, y usarían sus escudos para formar una pared. Como resultado, los hoplitas más fuertes generalmente estarían en la primera fila, ya que eran los responsables de mantenerse erguidos cuando el enemigo atacaba. La siguiente fila de hoplitas extendería sus largas lanzas sobre los escudos en la primera fila, que fue diseñada para mantener al enemigo a distancia y hacerlos más vulnerables.

Está claro cómo esta formación proporcionó a los griegos una posición defensiva tan fuerte. Además, fueron entrenados para moverse como una unidad. Entonces, cuando lograban hacer retroceder a su oponente, avanzarían como uno solo. Esto les permitió atacar y al mismo tiempo mantener su cohesión, lo que los habría hecho mucho más efectivos. Parte de la razón por la que la falange espartana tuvo tanto éxito es por el entrenamiento que recibieron los soldados espartanos. Se les enseñó a considerar a cada miembro de la falange como una extensión de sí mismos, una perspectiva que permitía que la formación fuera más cerrada e incluso más efectiva.

La falange se introdujo por primera vez en la guerra griega, alrededor del siglo VII o VIII a. C., lo que significaba que para cuando comenzaron las guerras médicas, los griegos habían tenido tiempo suficiente para perfeccionar el uso de esta formación. Sin embargo, antes de las guerras médicas, la mayoría de los conflictos en los que las ciudades-estado griegas participaban involucraban a otras ciudades-estado griegas que también usaban la falange. Como resultado, a menudo era difícil para ambas partes ganar una batalla decisiva, que es una de las razones por las cuales la guerra entre las diferentes ciudades del mundo griego era tan frecuente.

Quizás es por esta razón que los griegos no esperaban que sus ejércitos tuvieran tanto éxito contra los persas. Solo habían visto una acción limitada contra las fuerzas extranjeras. Sin embargo, el éxito de los hoplitas y la falange en la batalla de Maratón demostró que estas eran ventajas que podrían utilizarse para neutralizar al gran ejército persa. Fue usado nuevamente en la batalla de las Termópilas y también en la Batalla de Platea, y el ejército persa, aunque más numeroso en las dos primeras batallas, estaba indefenso contra la falange y sufrió pérdidas catastróficas.

Al observar la forma en que el ejército griego se reunió y se organizó en la batalla, se vuelve mucho más fácil ver por qué los persas no pudieron tener éxito en sus repetidos intentos de invasión. Sin embargo, al igual que los persas, los ejércitos griegos no eran invencibles, pero eran significativamente mejores que sus oponentes, que en este caso es lo único que importa.

La marina griega

Las batallas de Maratón y las Termópilas obtienen toda la gloria de las guerras médicas, pero nunca debemos olvidar el papel que jugó la armada griega para asegurar la victoria sobre los persas. Sus esfuerzos en las batallas de Artemisio y Salamina tuvieron un gran impacto en el resultado de la guerra.

A diferencia del ejército griego, la armada griega era predominantemente ateniense, aunque los corintios también suministraban un contingente significativo de barcos y marineros. Parte de la razón por la que Atenas tuvo un papel tan importante en la marina griega fue su historia. Hemos mencionado antes que Atenas tuvo que expandirse al Egeo para asegurar recursos y encontrar hogares para su población en expansión. Esto significaba que necesitaba desplegar una gran armada no solo para facilitar y proteger el comercio, sino también para alejar a los invasores extranjeros.

La unidad principal de la armada griega, así como la persa, era el trirreme. Era un tipo de galera, lo que significa que su principal modo de propulsión eran los remos, aunque tenía velas que podían usarse con vientos favorables. Su nombre deriva del hecho de que tenía tres bancos de remos, lo que significa que había tres niveles de remos que sobresalían de los costados del barco. Esto significaba que la nave no solo podía soportar más remeros, lo que le habría permitido moverse más rápidamente, sino que la mayor cantidad de remos también habría hecho que fuera mucho más fácil maniobrar la nave, especialmente en lugares cerrados.

Cada trirreme podía albergar a unas 200 personas, de las cuales 170 eran remeros. El resto habrían sido soldados listos para saltar al barco del enemigo o a tierra para atacar una ciudad o un ejército. El capitán del barco era típicamente un ciudadano rico y de clase alta, y era responsable de encontrar una tripulación y administrarla, pero el barco en sí era casi siempre propiedad de la ciudad de la que provenía.

Sin embargo, la estrategia naval griega durante las guerras médicas seguía siendo bastante primitiva. La mayoría de las tácticas involucraban embestir y abordar barcos. Sin embargo, se cree que, durante las batallas de Artemisio y Salamina, la flota griega empleó la estrategia periférica, que consistía en navegar alrededor del enemigo para rodearlos y atraparlos. Esta fue una táctica utilizada ampliamente en la guerra del Peloponeso, y se cree que fue concebida por primera vez durante las batallas navales contra los persas. Como resultado, la principal ventaja que los griegos tenían en términos de su armada era su capacidad para construir y tripular barcos. Sin embargo, todavía estaban en desventaja contra los persas en términos de números. Su éxito se debió en gran parte a su capacidad para atraer a los persas a posiciones comprometedoras, un movimiento que a menudo causaba que los números persas tan elevados fueran un obstáculo activo.

Conclusión

Como suele ser el caso en una guerra defensiva, que a menudo se libra en el territorio conocido del defensor, los griegos parecían comprender cómo utilizar mejor sus tropas. Después de la batalla de Maratón, se hizo evidente que el hoplita griego era la unidad superior de la guerra.

Además, la capacidad griega de usar sus trirremes para rodear y atrapar a las flotas persas más numerosas en espacios reducidos hizo que los griegos ganaran mucho más fácil a pesar de su desventaja numérica. Entonces, si bien la estrategia griega para tomar posiciones defensivas estratégicas con terreno difícil fue sin duda una de las principales razones por las que salieron victoriosos, no debemos descartar la ventaja que sus tropas les dieron, algo que es fácilmente visible para los historiadores, pero que podría no haber sido claro para los griegos hasta que la lucha se hizo más frecuente a principios del siglo V a. C.

Capítulo 10 - El ejército persa

Como se mencionó, antes del estallido de las guerras médicas, el ejército persa era de lejos el ejército superior en el mundo antiguo. Pero parte de la razón por la que pudieron hacer esto fue porque los persas acumularon grandes ejércitos cuando invadieron un territorio. La columna vertebral de estos ejércitos eran soldados persas especializados, pero la gran mayoría de los soldados persas eran reclutas dados como tributo de los territorios conquistados al rey.

Debido a esto, el ejército persa era bastante diverso, y también pudo haber estado menos dispuesto a luchar que sus oponentes griegos, ya que no se veían a sí mismos como persas y, por lo tanto, tenían menos incentivos para ir a la guerra. Además, los persas no estaban equipados tan bien como los griegos, lo que resultó ser un factor importante que contribuyó a su derrota.

Pero incluso con estos problemas, el ejército persa seguía siendo grande y aterrador. Es una gran razón por la cual los persas pudieron conquistar un territorio tan vasto en un período de tiempo relativamente corto, y esto había ayudado al ejército persa, especialmente a sus "Inmortales", a pasar a la historia como una de las principales fuerzas de combate de todos los tiempos.

Sin embargo, se conocen relativamente pocos detalles sobre los ejércitos persas, en gran parte debido a la falta de fuentes confiables.

A continuación, encontrará un resumen de lo que se sabe sobre las diversas partes de los grandes ejércitos persas que alguna vez dominaron el mundo antiguo.

Los "Inmortales" persas

Cuando los persas invadieron Grecia por primera vez, sus ejércitos se habían hecho famosos en todo el mundo. Marcharon por toda Asia, conquistando fácilmente a los babilonios y lidios, y finalmente lograron derrotar a los egipcios, que eran una de las civilizaciones más fuertes del mundo antiguo.

Parte de la razón por la que pudieron hacer esto fue la dependencia en su grupo de élite de soldados conocidos como los "Inmortales". Es difícil decir si este era el nombre utilizado para describir esta fuerza de combate en la antigüedad, pero se deriva del hecho de que los persas nunca permitieron que el tamaño de la fuerza cayera por debajo de los 10.000 soldados. Cada vez que un Inmortal enfermaba, estaba herido o moría, era reemplazado por otro, permitiendo que la fuerza permaneciera del mismo tamaño sin importar lo que le sucediera.

Los persas pudieron mantener este gran contingente de soldados de élite recurriendo a su propia gente. Creían que los iraníes, específicamente los persas, los medos y los elamitas, eran naturalmente mejores luchadores que cualquier otro grupo étnico que formara parte del imperio. Además, los persas nativos estaban exentos de pagar impuestos y tributos a la corona, pero a cambio de esta exención, se esperaba que los hombres adultos ofrecieran sus vidas al ejército del rey.

Los inmortales fueron entrenados en Susa en una academia especial de entrenamiento militar. Desafortunadamente, debido a la falta de fuentes auténticas sobre los Inmortales, no está claro cómo era el proceso de selección para este entrenamiento. Por ejemplo, en Esparta, se esperaba que todos los varones adultos, excepto el primogénito de una familia, recibieran entrenamiento militar especializado, pero no sabemos si los persas tenían una práctica similar. Pero para mantener una fuerza constante de 10.000 hombres, es probable que tuvieran que recurrir en gran medida a su población.

Algunas fuentes indican que los Inmortales llevaban cascos y escudos de bronce, pero es probable que esto ocurriera después de las guerras médicas o que este equipo especializado estuviera reservado para la guardia del rey, que era el rango más alto del ejército persa. Los miembros de la guardia del rey fueron elegidos de las filas de los Inmortales debido a su valentía, fuerza y valor.

Los Inmortales que lucharon contra los griegos y desempeñaron un papel importante en la conquista persa de Asia occidental probablemente llevaban armadura de escamas debajo de las túnicas de tela. Llevaban escudos de mimbre envueltos en cuero, y sus armas principales eran lanzas cortas, espadas y arcos. El material utilizado para el contrapeso de cada arma ayudaba a indicar el rango del soldado. La infantería común tenía plata, mientras que los oficiales tenían oro.

Además, a los Inmortales se les dio un prestigio considerable dentro de la sociedad persa. Cuando viajaban, les seguía una caravana que transportaba comida, concubinas y sirvientes. También llevaban tiaras en la cabeza, lo que habría sido una indicación de lo cerca que estaban del rey.

Sin embargo, a pesar de este prestigio, los Inmortales terminaron no siendo rival para la armadura de bronce y las largas lanzas de los hoplitas griegos. Este hecho habría sido un duro golpe tanto para Darío I como para Jerjes, porque su experiencia les había enseñado que su fuerza de combate de élite ganaría en cualquier batalla.

La sapabara y la takabara

Además de los Inmortales, el ejército regular persa también consistía en el sapabara, que se traduce del antiguo persa a "portadores de escudos" y el takabara (traducción desconocida).

Al igual que los Inmortales, estas fuerzas también estaban formadas principalmente por persas étnicos y otros iraníes. Se los consideraba infantería ligera, mientras que los Inmortales eran infantería pesada. Poco se sabe sobre los requisitos para formar parte de estos rangos militares y también sobre el entrenamiento que recibieron estos soldados, pero tenemos una idea aproximada de cuál era su función dentro del ejército persa.

El sapabara sirvió esencialmente como la primera línea del ejército persa. Llevaban grandes escudos rectangulares hechos de mimbre y cubiertos de cuero. A menudo iban acompañados de arqueros que se paraban detrás de ellos y disparaban flechas sobre sus cabezas. Esta es una técnica que probablemente fue adoptada por los asirios, el imperio que gobernó Mesopotamia antes de que los persas llegaran al poder en el siglo VI a. C.

Esta formación es bastante similar a la falange griega, pero tenía dos desventajas principales. Por un lado, la armadura ligera utilizada por el sapabara palidecía en comparación con los escudos de bronce, petos y cascos utilizados por los griegos. Además, el sapabara usaba lanzas más cortas que los hoplitas, lo que los hacía bastante ineficaces en el combate cuerpo a cuerpo. Los sapabara generalmente eran enviados primero a la batalla, y cuando se enfrentaron a los griegos, habrían sido derrotados rápidamente, poniendo a los persas en una desventaja significativa por el resto de la batalla.

Una cosa a tener en cuenta sobre los sapabara es que, aunque estaban bien entrenados, no eran soldados a tiempo completo como lo eran los Inmortales. En cambio, cuando el rey no estaba haciendo campaña, regresaban a la Persia metropolitana donde se dedicaban a la caza para mantenerse en forma para la batalla. Sin embargo, durante períodos prolongados de paz, tendrían que atender sus granjas, pero esta era la norma para la mayoría de los soldados en la antigüedad.

La otra unidad de la infantería persa, el takabara, es relativamente desconocida. Sabemos que eran infantería ligera, y se cree que su función principal era servir como guarnición. Es posible que fueran utilizados como tropas de primera línea en un momento dado, su trabajo consistía en escaramuzas con el enemigo. Sin embargo, es posible que cuando los ejércitos persas se enfrentaron a los hoplitas mucho más fuertemente armados y blindados, retiraron a los takabara del frente y los usaron para defender posiciones estratégicas que ya habían conquistado.

Los ejércitos satrapales

Si recordamos, los persas entraron a Grecia bajo el mando de Jerjes con una fuerza de casi 200.000 hombres. Hubiera sido imposible para los reyes persas reunir un ejército tan grande desde el interior de Persia, por lo que tuvieron que depender de los reinos y territorios que habían conquistado e hicieron parte de su imperio. Estas fuerzas secundarias, a menudo llamadas ejércitos satrapales refiriéndose al término sátrapa, que era el término para la provincia en persa antiguo, en realidad constituían la mayor parte del ejército persa.

Esto permitió a los persas formar grandes ejércitos, pero también cuestiona la potencia de sus fuerzas armadas. Esto se debe a que los persas exigieron tropas de reinos subyugados además de lo que exigirían en términos de impuestos y tributos. Esto habría puesto una gran carga sobre un reino conquistado, y dependiendo de su lealtad al rey persa, estas fuerzas de combate pueden o no haber sido tan efectivas.

Por ejemplo, cuando los persas sofocaron la revuelta jónica, consideraron que Jonia había sido conquistada y les pidieron que entregaran tropas al ejército persa. Esto creó un escenario donde los jonios se vieron obligados a luchar contra aquellos que acababan de tratar de ayudarlos a ganar su propia independencia. Los reyes griegos sabían esto y con frecuencia trataban de subyugar a los griegos para que dejaran las armas o lucharan con menos vigor, una estrategia que pudo haber funcionado en la batalla de Platea que los griegos ganaron de manera decisiva. Por otro lado, los medos, que eran étnicamente similares y geográficamente cercanos a los persas, constituían una gran parte del ejército persa, y se sabía que eran combatientes efectivos.

En todo el imperio, el levantamiento de estos ejércitos era típicamente responsabilidad de los sátrapas persas o gobernadores provinciales. Al prepararse para la guerra, los reyes persas ordenaron a sus sátrapas que formaran un ejército de cierto tamaño, y de ellos dependía averiguar cómo hacerlo. No proporcionar el ejército ordenado por el rey habría sido motivo de destitución del gobierno o, según el estado de ese sátrapa, el exilio del imperio.

Esta dependencia del servicio militar obligatorio también puede ayudar a explicar por qué la rebelión fue frecuente durante la antigüedad, tanto en Persia como en otros lugares. Las demandas de tributo fueron duras, pero luego a las personas también se les habría pedido que entregaran sus vidas por un rey que no quería nada más que reclamar sus tierras, algo que probablemente hubiera sido demasiado para las personas que sentían que su libertad había sido restringida debido a la conquista injusta de los invasores extranjeros.

Como resultado, la efectividad del ejército persa habría dependido de la situación política de la época. Por ejemplo, los medos, que a menudo estaban estrechamente alineados con el rey persa, puede que estuvieran más motivados para luchar que los egipcios, que constantemente intentaban liberarse de los persas después de su primera conquista.

Esto realmente sucedió en un momento de las guerras médicas. Durante la invasión de Jerjes, hizo ejecutar a varios comandantes fenicios debido a su fracaso en la batalla de Salamina. Esto indignó tanto a los egipcios como a los fenicios, que eran aliados, y muchos barcos egipcios partieron, dejando a Jerjes con una fuerza reducida durante el resto de su invasión. Esta no fue la razón principal por la cual los griegos superaron en número a los persas una y otra vez, pero ciertamente fue algo que ayudó a nivelar el campo de juego y posiblemente incluso les dio a los griegos una clara ventaja.

Una cosa más a tener en cuenta sobre estos ejércitos "satrapales", como se les llamaba a menudo, es que no estaban equipados de manera uniforme. Como cada ejército provenía de un lugar diferente, cada uno estaba vestido y equipado de manera diferente. Esto habría hecho más fácil distinguir las diferentes partes del ejército persa que los griegos podían usar como ventaja.

Por ejemplo, si veían que las fuerzas persas a las que se enfrentaban estaban formadas principalmente por medos, entonces podrían acercarse con más precaución, ya que los medos eran leales a los persas y eran una fuerza de combate fuerte. Sin embargo, si veían que su oponente estaba compuesto en su mayoría por griegos subyugados, entonces podrían haber considerado que sus posibilidades de victoria eran mayores y los alentarían a tomar acciones. Pero si bien las tropas terrestres que formaron el ejército persa fueron importantes para la guerra, nunca debemos olvidar que las guerras médicas también consistieron en batallas navales, por lo que es importante observar a la armada desplegada por los persas.

La armada persa

Cuando el Imperio persa apareció por primera vez bajo el mando de Ciro el Grande, el ejército persa era principalmente una fuerza terrestre. Sin embargo, cuando los persas entraron en Egipto y Grecia, se toparon con culturas con una fuerte tradición naval, lo que significaba que era necesario construir su propia armada para continuar su expansión imperial.

Darío I comenzó a invertir en una flota persa, usando Sidón, una ciudad importante en Fenicia, para construir sus barcos. También confiaba en gran medida en los marineros egipcios y fenicios como tripulación para sus barcos. Sin embargo, con el paso del tiempo, otras ciudades del Imperio persa comenzaron a desarrollar tradiciones de construcción naval, y la armada persa se convirtió en una de las principales fuerzas marítimas del mundo antiguo.

Al igual que muchos de los barcos que se construyen en otras partes del mundo antiguo, los barcos persas estaban hechos principalmente de madera. Sin embargo, algo que los hizo diferentes es que a menudo estaban equipados con metal, especialmente en la proa, lo que habría hecho que el embestido fuera más efectivo y perjudicial. Otra diferencia, y algo realmente único sobre el ejército persa, era la presencia de mangonel, que eran esencialmente catapultas utilizadas para lanzar piedras u objetos en llamas a otros barcos. Esto habría convertido a los barcos persas en una amenaza única en los antiguos mares.

Sin embargo, quizás lo más distintivo de la forma en que los persas utilizaron su armada fue su construcción de puentes de pontones. Darío I, que buscaba someter a las tribus bárbaras al norte del mar Negro, empleó el uso de un puente de barcos que se extendía casi 1.000 metros (aproximadamente 3.000 pies) sobre el Bósforo, que es un estrecho en el oeste de Turquía que demarca Europa y Asia. Esto le permitió llevar rápidamente a sus tropas a Europa y también mantener una línea de suministro, haciendo que su invasión fuera mucho más efectiva. Esta estrategia fue utilizada más tarde por Jerjes cuando planeó su invasión de Grecia en 480 a. C., y más tarde fue copiada por Alejandro Magno cuando llegó a la India y necesitaba cruzar el gran río Indo.

Al final, sin embargo, la flota persa, por más grande que fuera antes y después de las guerras médicas, no duró mucho en la invasión de Grecia. Los griegos tomaron posiciones defensivas en estrechos, y los comandantes persas fueron fácilmente engañados para atacar, lo que neutralizó sus números superiores y los puso en desventaja, y esto permitió a los griegos ganar varias batallas decisivas y finalmente expulsar a los persas de Europa. La armada persa continuó luchando contra los griegos en las guerras de Delia, pero fue difícil para ambas partes obtener una ventaja en gran medida porque los griegos, bajo el liderazgo ateniense, habían desarrollado una armada fuerte por derecho propio, y esto les ayudó a asegurar su imperio y eventualmente forzar la paz con Persia.

Conclusión

En ese momento, la victoria griega sobre los persas habría sido considerada una sorpresa. Se consideraba que los Inmortales eran la unidad de lucha de élite del mundo antiguo, y el ejército y la armada persas eran mucho más grandes que cualquier fuerza que los griegos pudieran reunir. Pero al mirar hacia atrás, es fácil ver por qué los griegos tuvieron tanto éxito.

Casi todo el ejército persa, incluidos los Inmortales, estaba menos equipado que los griegos, que dependían de pesadas armaduras y armas de bronce. Además, los persas habían librado batallas principalmente en campos abiertos, y sus conflictos con los griegos a menudo tenían lugar en colinas o en pasos montañosos que les daban una ventaja significativa.

Sin embargo, incluso después de su derrota ante los griegos, los persas continuaron siendo una fuerza fuerte en todo el oeste de Asia y el norte de África, y la capacidad del ejército persa para conquistar y mantener una franja de tierra tan grande, que se extendía desde Egipto hasta la India, es una de las principales razones por las cuales el antiguo ejército persa es considerado como una de las mayores fuerzas de combate de todos los tiempos.

Conclusión

Las guerras médicas fueron uno de los conflictos militares más importantes en la historia antigua. Ayudó a remodelar la política de poder de Asia occidental y el sur de Europa, poniendo en marcha el eventual declive del Imperio persa.

Sin embargo, la importancia de las guerras médicas se extiende mucho más allá de los alcances de la historia antigua. Los griegos, responsables de dar al mundo algunas de sus ideas más preciadas, como la democracia y el método socrático (el estilo de retórica que se centra en hacer preguntas para descubrir la verdad y se utiliza en la mayoría de los sistemas judiciales de todo el mundo), tenían su propia existencia amenazada por los persas. Su derrota podría haber evitado que el mundo recibiera estas contribuciones griegas a la cultura humana, o al menos, su progreso se habría ralentizado.

La importancia de la victoria griega es superada solo por la improbabilidad de que ocurriera. En vísperas de la guerra, el mundo griego estaba fragmentado. Las muchas ciudades-estado dispersas en Grecia continental y el mar Egeo lucharon entre sí con frecuencia, y la competencia, en lugar de la cooperación, era la norma, a pesar de su idioma y antecedentes culturales compartidos. Por otro lado, los persas tenían un vasto imperio bien organizado que era defendido por algunos de los ejércitos más grandes del mundo.

Pero el terreno áspero y montañoso de Grecia, combinado con las aguas turbulentas y los estrechos mares que rodeaban las islas griegas más importantes, además de la superioridad del hoplita griego, les dio a los griegos una ventaja considerable, que pudieron utilizar para derrotar a los persas durante sus dos invasiones.

Esta victoria colocó a Atenas en la cima del mundo griego y contribuyó al declive general del Imperio persa. Pero el hecho de que el Imperio persa pronto desapareciera en los anales de la historia, no significa que debamos olvidar la importancia del gran conflicto conocido como las guerras médicas.

Lea más libros de Captivating History

AZTECA

Una Guía Fascinante De La Historia Azteca y la Triple Alianza de Tenochtitlán, Tetzcoco y Tlacopan

CAPTIVATING HISTORY

Bibliografía

Bury, J.B; Cook, S.A.; Adcock, F.E. *El Imperio Persa y el Occidente* en: The Cambridge Ancient History Vol. IV. Prensa de la Universidad de Cambridge, 1930.

Carey, Brian Todd, Joshua Allfree, y John Cairns. *Guerra en el mundo antiguo*. Pen and Sword, 2006.

Farrokh, Kaveh. *Sombras en el desierto: La antigua Persia en guerra*. Nueva York: Osprey, 2007.

Feetham, Richard, ed. *Guerra del Peloponeso de Tucídides*. Vol. 1. Dent, 1903.

Flower, Michael A., y John Marincola, eds. *Heródoto: Historias*. Prensa de la Universidad de Cambridge, 2002.

Frost, Frank J., and Plutarchus. *Temístocles de Plutarco: un comentario histórico*. Prensa de la Universidad de Princeton, 1980.

Green, Peter. *Las guerras médicas*. Prensa de la Universidad de California, 1996.

Holland, Tom. *El fuego persa*. Anchor, 2007.

Kuhrt, Amélie. *El Imperio persa: un corpus de fuentes del período aqueménida*. Routledge, 2013.

Lazenby, John F. *La defensa de Grecia: 490-479 a. C.* Aris & Phillips, 1993.

www.ingramcontent.com/pod-product-compliance
Lightning Source LLC
LaVergne TN
LVHW041646060526
838200LV00040B/1740